50代からは
3年単位で
生きなさい

Morotomi Yoshihiko
諸富祥彦

KAWADE夢新書

人生後半を「最高のもの」にするために「とりあえず3年」区切りで生きる――はじめに

この本は、あなたに「いつ死んでも、悔いが残らない生き方」――否、「3年後に死んでも、悔いのない生き方」を体得していただく本です。

50代、60代になると「健康寿命」を心がけるようになります。私も昨年から、20kgダイエットをしたり、キックボクシングのジムに通って、運動不足の解消を心がけ、筋力をつけるようにしています。すべて「健康で長生きするため」です。

しかし、どれほど健康に気を付けていても、人生の終わりは突然訪れるかもしれません。死ななくても、重い病気などになって、さまざまな活動ができなくなってしまうかもしれません。もしもそんなことは起きず、健康なまま１００歳を迎《むか》えることができたとしても、死はいつか、訪れます。

人はみな、いつか死ぬ。多少の誤差《ごさ》はあれ、私たちはみな「間もなく死ぬ」のです。そして、その時までに残された時間はもう多くありません。「あっという間」に死は訪れます。

そんな「死の瞬間」「人生の終わりの瞬間」――あなたは、どんな思いでその瞬間を迎えるでしょうか。その時、心の底から、こう思いたくはないでしょうか。

「私は、自分の人生を生ききった！　じゅうぶんに自分の人生を生ききった。もう何の悔いもない。やり残したこともない！」

「これこそ、私の人生だ！　この世に生まれてきて、本当にしたいこと、やるべきこと、なすべきことは全部やった！　最高の人生だった！」

「もし人生に、使命や天命というものがあるならば、私はそれをなし尽《つ》くした！」

そう思えるような生き方をしたくないでしょうか。私はそう願っています。

「いつ死んでも、悔いがない」――そう思えるような姿勢で、日々の瞬間瞬間を生ききっていきたいのです。

ではそのための具体的な方法は、何でしょうか。どのような工夫をすればそんな生き方が可能になるでしょうか。それは、

50歳を過ぎたらとりあえず「3年単位」で生きること。

「たとえ3年後に死んだとしても、悔いが残らないように生きる」ことです。

「とりあえず、目の前の3年」になすべきこと、やっておくべきことをリストアップし、

やり残すことがないように「とりあえず3年」を思う存分、生きる。じゅうぶんに生ききる。これ以上ない、と思えるような仕方で、思う存分、生きる。そして3年後になったら、またそれから3年になすべきこと、やっておくべきことをリストアップし、やり残したことがないように生きる。

万が一、存外《ぞんがい》に早く死が訪れ、3年後に死ぬことになったとしても「やるべきことは一通りやり終えた！」「成《な》し遂《と》げるべき仕事は一通り成し遂げた！」と思えるように生きる。

「大切な人たちに、伝えるべきことはちゃんと伝えた」と思えるように生きる。

さらに欲張《よくば》るなら「行ってみたい場所には一通り行けた」「全国の食べたいものは全部食べた！」「どうしても行きたいラーメン屋には一通り行けた（笑）」、そう思えるように生きる。

そしてまた3年後に元気でいられたら、また「3年単位」で「しておくべきこと」をリストアップして、し残したことがないように生きるのです。

私がこう思うようになったきっかけは、隣の研究室にいた天才肌の教授が63歳で急にお亡くなりになったことです。

なんとなく100歳まで生きるつもりでのんべんだらりと生きていて、突然死が訪れたら「このままでは死ぬに死ねない」「まだまだすべきことが残っている。このままでは、あの世に行けない」と思いを残したまま、あの世に行くことになるかもしれません。とても成仏などできないでしょう。「思い残し」があるからです。

私は、これを絶対に避《さ》けたいのです。

人生最大の「保険」は、こうした事態を避けること。

「いつ死んでも悔いがないように生きる」こと。

「これは絶対にしたい」「どうしてもしておきたい」「やっておくべき」と思うことは、「いつか、そのうち」と先延《さきの》ばしするのはやめて、前倒しにしてどんどんやっていくこと。これが人生で最大の「リスク回避法」「人生後半を最高に充実させる方法」です。

この本で、私と一緒に「とりあえず3年単位」の生き方を習得しましょう！

そして「いつ死んでも悔いがない最高の生き方」を日々実践しましょう。

残りの人生を「人生、最高！」と、心から叫ぶことができるものにしていきましょう！

「人生、最高!!」

諸富祥彦

50代からは3年単位で生きなさい　目次

1章 人生は後半からが難しい

2章 50代・60代、人生で「減らすべきもの、増やすべきもの」

5章

『チベット死者の書』に学ぶ「死の瞬間」への備え方

6章
「逆算式人生3年計画法」で実現する 人生後半、いつ死んでも 悔いのない生き方

終章
「逆算式人生3年計画法」の2つの原則

装幀◉こやまたかこ
図版作成◉新井トレス研究所

1章

人生は後半からが難しい

自分の「人生という作品づくり」の「納期」が迫ってくる

人生は40代後半、50代から舵《かじ》取りが難しくなります。ボーッと生きていると、いつの間にか時間だけが過ぎて、「こんなはずではなかった！」となってしまいます。

50代に差しかかると、結婚・子育て・昇進といったライフイベントが一段落《いちだんらく》つき、自分の人生全体をトータルで見つめ直す時期が来ます。**「私は、自分の人生全体を結局、どうしたいのか」という問いが迫《せま》ってきます。「人生」というものが「1つの作品」だとしたら、「自分の人生という作品」をいったいどんな作品として完成させたいのか。その「納期」が迫ってきている**のです。「自分の人生の仕上げ」の時期が迫ってくるのです。

45歳くらいが人生のピーク。折り返し地点です。子どもが10歳くらいで、いわゆる思春期に入り、大人びてきます。役職的にも大きな責任のある仕事に就《つ》き始め、仕事面でも家庭面でも45歳くらいが人生のピーク。折り返し地点です。

45歳までは、人生はいわば上《のぼ》り調子です。上っていけばいいのです。

「もっともっと頑張るぞ」「家庭を持って、子どもを育てるぞ」「家を建てるぞ」「財産も貯《た》めるぞ！　そのために全力を出し切って頑張るぞ」と頑張るのが45歳くらいまで。

さらに5年経《た》って50歳になると、人生の風景がだいぶ違ってきます。子どもは高校生です。高校生ともなると、そろそろ手が離れていくのを実感します。仕事の面でも能力的にも役職的にも限界を感じ始めてきます。

サラリーマンであれば、自分が会社でどのポストにまでいけるのかは完全に見えてしまっている。これが50歳という年齢です。

そろそろ「人生の下り」を意識し始めるのが50歳という年齢なんです。

準備の早い方は45歳、つまり人生のピークに到達している時に、後半をチラッと見ます。「これからどうなるんだろう」「これから人生後半。だんだん下り坂にいくんだ」と考えて、人生の後半に対する用意をし始めます。遅くても50歳からは人生の後半に備え始めたほうがいい。遅すぎると手遅れになります。

55歳になると子どもはもう20歳です。いよいよ手がかからなくなっていく。もう子育ては一段落終えた。といっても今の子どもは、35歳までは、広い意味での青年期です。まだまだ子どものことで頭を悩ませることはあるでしょう。しかし、基本的には一応20歳で成人したということで、親としては大きな宿題を終えたように感じます。役職定年を55歳くらいに設《もう》けている会社も中にはあると思います。

大きな責任からどんどん解放されていく。仕事の面でも、子育ての面、家庭の面でも、責任から解放されるのが55歳です。

55歳からは「待ったなし」！大きな「空虚感」が襲ってくる

55歳になったら、いよいよ待ったなし。人生後半に向けて、いよいよ本格的にギア・チェンジしていかなくてはなりません。

ゆっくり構えていた人でも、体力的にも気力的にもピークはとうに越えて「下り坂の人生をどう生きていくか？」「人生後半をどう生きていくか？」と、問い始める必要に迫られます。55歳でまだギア・チェンジをしていない方は、これから大急ぎでギア・チェンジをしなくてはなりません。

自然と自分を省《かえり》みることが必要になってきます。

しかし、いざ自分の内面を見つめ始めると、50代半ばの多くの人が言います。「自信がない」と。「自分の人生には中身がない」と言うのです。

これを心理学者のヴィクトール・フランクルは「実存的空虚《じつぞんてきくうきょ》」と言っています。どこかむなしい。人生の空虚感が訪れます。

50歳までは、ひたすら仕事をしてきた。ひたすら子育てをしてきた。自分を省みる時間も余裕もなかった。しかし50歳を過ぎた頃から、子どもも手が離れていく。仕事の面でもピークを過ぎて、自分を省みる余裕が出てくる。

すると、自分の人生には中身がないことに気付く。


「私の人生は何？　中身ないじゃん」

「俺の人生、何？　中身ないじゃん。俺って、もしかしたら空っぽ？」


「このまま、人生、終わっていいの？」

そういう空虚感が襲《おそ》ってくる。自分は空虚であるという現実に向かわざるを得なくなる。これが大きな転換期になるんです。

実際のところ、転換期になっても、切り替えることができない人は多いです。しかし、うまく切り替えられないままだと、人生後半をどう生きていけばいいかわからなくなります。50代後半、60代、70代のどこかで、うつ病などを発症してしまうケースも少なくないわけです。

人生の下り坂での「切り替え」は難しい

私自身も、今58歳です。人生の下り坂、後半というのは、案外難しいもんだなと日々実感しています。

人生の折り返し地点である40代半ばの頃に、私も「中年期の危機」を迎《むか》えて、メンタル面が相当きびしくなった時期があります。ギア・チェンジがうまくいかなかったんですね。人生の急カーブで、うまくハンドルを握《にぎ》れなかったのです。あるいは、人生のカーブそのものが、あまりにも急なカーブだった。あまりにも急なカーブであったために、うまく人生のハンドルを切れなかった。

そのために、ちょっときびしいところまで追い込まれたのです。これは人間としても、カウンセラーとしても、とても大きな学びになりました。

それから10年以上生きてきて、確実に精神的に成長できているという実感はあります。

「人生は100年ある」という誤認が後悔を生む
――50代・60代からは「とりあえず3年単位」で生きる

50代、60代をうまく生きるために、私が今、提案しているのは「とりあえず3年単位で生きる」ことです。私は今58歳ですから、私の場合で言うと、58歳→61歳を全力で生きる。とりあえず61歳までの3年間を全力で生きる。

それ以降のことはわかりません、正直。

先日、人間ドックに行ったら、膵臓《すいぞう》に良性ですが膵嚢胞《すいのうほう》がありました。調べると、毎年1%の確率でがんになっていく。単純計算すると108歳までには50%の確率でがんになるということで、これは、どう考えればいいか、とまどいますね。明確にわかるのは「どうなるかわからない」――そのことだけです。

人生は、コントロール不可能なことがいくらでも起き得ます。突然大きな事故にあうかもしれません。守銭奴《しゅせんど》になって1億円貯めたとしても、ハイパーインフレが起これば、今の100万円程度の価値になってしまいます。5年後に自然災害が起きて、住んでいる町が壊滅してしまうかもしれません。自分では如何《いかん》ともしがたいことばかり。私たちにできるのは、目の前の数年間を自分がどう生きるかを自分で決めることだけです。

「とりあえず３年単位で、人生を思う存分《ぞんぶん》生きる！」。さしあたり、まず58歳→61歳を全力で生きる。そして、それを終えたら、また3年後に考える。そんな生き方です。それはとりあえず3年後くらいまでは、ほぼ確実に生きているだろうと、そう思えるからです。

平均寿命まで生きるとしたら、男性でいうと83歳くらいですから、私もあと25年くらいは平均でいうと生きられるはずだというつもりでいます。

しかし、**「人生１００年時代」と、のんびり構えていると、ダラダラ生きてしまって、結局、何も本気でしない人生になってしまう**。「人生は１００年ある」と思うと、「いつでもできる」「いつでも取り返しがつく」と思ってしまう。

すると、10年後、20年後に「こんなはずではなかった」「全然すべきことをしてないじゃないか」「したかったこともしてないじゃないか」「なんと薄まった人生なんだ」ということになりかねません。

場合によっては、その薄まった人生のまま、気付いたら病気になって死を迎える。「こんなはずじゃなかった」「こんなに何もしないまま死ぬはずじゃなかった」となってしまう。

そこに私は、保険をかけたいのです。

人生最大の保険は、「死ぬ時に後悔しないように生きていく」こと。その具体策が、人生を3年単位で区切って、「3年単位で思い残すことなく生きていく」ことです。

もし3年後、私が61歳の時に健康で、ある程度のことができていたら、また61歳→64歳までプランニングをして思い切り生きる。64歳でまた健康でいられたら、今度は67歳までのプランニングをしていくのです。そして67歳まで生きていれば、今度は70歳までをプランニングして生きる。そういうふうに「3年単位で、全力で生きる」。それが人生を生きるコツだと思うのです。

そういうふうに3年単位で人生を区切って、思い残すことなく生きていれば、たとえ運悪く、病気になったり、大きなケガをしたりして、人生の最期が訪れることになったとしても、悔《く》いはない。自分は今、この3年で、すべきこと、したいと思っていることをとりあえず一通りはやっていると思える。そんなふうに生きれば、もしも突然に死が訪れたとしても、「こんなはずじゃなかった」「俺の人生、こんなはずじゃなかった！」と断末魔《だんまつま》の叫《さけ》びをあげながら死ぬのは避けることができると思うのです。

20代でも30代でも40代でも実はこれは同じで、まず10年の長期計画を立てたら、それを3分の1に区切って、3年単位、4年単位で生きていくほうがいいと思います。「人生まだまだ続く、いつでも取り返しはつく」などと思って、のんべんだらりと生きることを防ぐことができるでしょう。若い時から「とりあえず3年」「とりあえず5年」と、3年単位、5年単位で思い切り生きるという生き方はおすすめです。

隣の研究室にいた先生が63歳で亡くなった

私も平均寿命くらいまでは生きるつもりでいます。健康にもそれなりに気をつけています。ダイエットしたり、スポーツ（キックボクシング）をしたり。

人生をあまりのんびり構えて生きるのは危険だということを改めて実感したのは、隣の研究室の先生が63歳でお亡くなりになったことです。元気がよくて、女性からもモテるカッコイイ先生でした。その若々しい先生が、63歳でお亡くなりになった。そういうこともあって、あまり悠長《ゆうちょう》に構えて生きるのは危険だと思うようになったのです。

もしも今の生き方を続けていて、その先生と同じように63歳で死ぬことになったら……

私は「悔いのない人生だった、し残したことのない人生だった」と思えるだろうか。

私が、早く死ぬこと以上に怖いのは、「こんなはずじゃなかった！」と断末魔の叫びを

あげながら後悔を大きく残しながら死ぬことです。

それが怖いんです。後悔が怖いんです。

後悔を残したまま死ぬことがないようにするために、とりあえず「思う存分やった。思いつくことは思う存分、全部やった、とりあえず思い残すことはない」——そう思えるような仕方で生きたいんです。

そのためには、本を書くのもそうですし、弟子を育成する、後継者を育成する。あるいは、自分なりの心理学のアプローチをつくって、それを後の人たちに伝えていく。そんな課題にこれからは取り組みたいと思っています。そういうことをある程度しておいて、もし運悪く3年後に死が訪れたとしても、後悔しない生き方をしたいと思うのです。

あなたは、今、「人生の何時」を生きていますか

ユングという有名な心理学者がいます。この方が人生には「人生の午前」と「人生の午後」があるという区分を提示しました。ユングは、1900年代前半の生まれです。この時代は、「人生50年時代」でした。だから、「人生の午前」は35歳までででした。「人生の午後」

は35歳から55歳くらいまでの20年間です。

現在は当時よりも寿命が延びているため、ユングの時代から10歳、後ろにズレています。45歳が人生の大きな転換点になる。0歳から45歳までは、「人生の午前」。45歳以降が「人生の午後」です。

「人生の午前」の課題は、「同世代の人と同じことをしていく」ことです。たとえば、学業をする。高校、大学や大学院で勉強する。仕事をする。仕事に就いて、ある程度の仕事ができるようになる。一定の年齢になったら、役職にも就けるようになる。あるいは、結婚する。家庭を持つ。子どもを生んで育てる。

こういった「みなと共通のこと」をするのが人生の前半、45歳までの課題です。

一方、**人生後半の課題は「自分にとって必要なことをする」こと**です。**他の人とは違う、自分に固有のこと**です。このことからユングは、**人生後半の課題は「個性化(individuation)」**であると言いました。「個性化」とは、「自分にしかなれない自分」になっていくことです。「自己実現」とも言われます。これが、人生後半、45歳以降の課題になります。

他の人ができることは他の人に譲って、自分にしかできないことをしていく。自分にしかなれない自分になっていく。これが、人生後半の課題なんだというのがユングの考えです。他の人とは異なる「自分だけの人生の物語を編《あ》んでいくこと」です。

50歳以降になると、常にどこかで考えているはずです。「私の人生で何かし残したことはないか?」と。すると、自分がこれまでの人生の「ある面」だけ生きてきたこと、偏《かたよ》っていたことに気付く。

ユングはシャドウ(=影)を生きることが必要だと言います。**シャドウとは、その人がこれまで生きてこなかった「半面」のこと**を言います。

とてもまじめに生きてきた人が突然賭《か》け事をするようになる、恋に溺《おぼ》れる。逆に、これまで遊びほうけて恋愛や賭け事ばかりやってきた人が、非常にまじめな人生を生きるようになったりする。これまでの人生で生きてこなかった「半面」を生きるようになる。

これが、人生後半で自分の人生の「影」を生きる、ということです。そういう変化が起きてくるのが、人生後半、中年期なのです。

「下降しながらの上昇」(ユング)ができるかで人生後半の勝負は決まる

一方、これもユングの考えですが、人は年をとるにつれて体力、気力、記憶力、知能は衰《おとろ》えてくるけれども、精神は高みを目指すようになっていく。ユングはこれを「下降しながらの上昇」と言います。つまり、体力は衰えていく。下降していく。それに対して、精神はどんどん高まっていく。この「下降しながらの上昇」をできるかが、人生後半の大きな課題になっていく。こういうことができるのが、人生後半の理想なんだというわけです。

こう考えると、50代、60代こそ、「人生の勝敗を分かつ時」です。50代、60代の生き方は、若い時よりはるかに、個人差が大きい。一方の人は「どうせもう人生後半なんだ」というふうに、特にやることもなくてダラダラと過ごしていく。せっかく平均寿命も延びているのにムダな人生後半を過ごす人も多い。

一方で、**人生後半、50歳以降こそが「人生の本番」**なんだと思えるくらいに充実して生きようとする人も多い。つまり、その人のそれまでの「生き方」が大きく表れるのが50代、60代で、50代、60代こそ、「人生の総決算」なのです。

では、50代、60代で「下降しながらの上昇」と言われるような「精神の高み」に昇っていくことができるのはなぜなのか。私は、**「死に向かって精神は高みに昇っていく」**からだと思います。死がそれほど遠いことではなくなり、「自分がどこから来てどこへ向かうのか」を暗《あん》に感じ始める50代、60代は、「見えないものとの対話」の中にいます。「見えないもの」からの「呼びかけ（コール）」を感じる。その「見えないもの」からの「呼びかけ（コール）」に「応じる（レスポンス）」。この「見えないものとの対話（コール＆レスポンス）」の中で人の精神は高みへと昇っていくのです。

50代・60代こそ「夢」を持て！「野心」を抱け!!

ではそのために必要なのは何か？

あえて言いますが「夢と野心」です。

50代、60代にこそ「夢と野心」が必要なのです。

別に大きな野心を持つ必要はない。今から、大企業の社長になろうとか、そういうことではない。「自分が心から満足できる本を1冊つくる」とか、「1日に1つ小さなエッセーを書き留《と》めていく」とか、そういうことでいいんです。

50代、60代こそ、それまでできなかった「小さな夢、小さな野心」を持って、ギラッと輝く目を持って、日々を生きていく。そうした心構えを持つことが大事なのです。そういう心構えがなければ、ただ流していくだけの無為《むい》な日々を過ごしていくことになってしまいがちです。

そうならないためには、「小さな野心」を持ち、「小さな夢」を持つこと。「50歳から」が人生の本当のスタートだと、そういう心構えを持って生きることだと思っています。

人生はほんの一瞬の「魂の修学旅行」――やっておきたい大切な4つのこと

「人生は、ほんの一瞬で終わる、魂の修学旅行」のようなものだというのが58歳の私の実感です。人生というのは、本当に一瞬で終わる。これが真実なんですね。

では「修学旅行」なのだから、ただ精いっぱい楽しめばいいかというと、同時にそれだけではすまないところもある。それでは、ちょっと刹那《せつな》的すぎる。

では、どう考えればいいんだろう？　ここで「大切な4つのこと」を挙げておきたいと思います。

1つ目。**人生は、ほんの一瞬で終わる。**だからこそ日々を充実させて生きることが大事です。「いつ死んでも悔いがない」ように生きる。明日死んでも、悔いがないように日々を生きるのです。

これは、あまり異論はないところだと思います。

一瞬、一瞬を、本当に味わって、楽しんで生きる。一瞬、一瞬を心を込めて生きる。ときめいて生きる。これが人生を生きることだと思うんです。

修学旅行は楽しむものです。人生も楽しむものです。一瞬、一瞬楽しんで、最高の日々を生きるということ、これよりも大事なことは何一つないんじゃないかと思います。「いつ死んでも悔いがない」ように日々を最高の時間にして過ごすことです。


2つ目。3年単位くらいで叶えられる「目的」「野心」を持って生きることです。

「人生も、もう後半だ。まあ、せいぜい残りの人生楽しんで、それで終わりだ」となってしまうと刹那的になりすぎてしまいます。それに抗して、緊張感を持って生きるには、やはり「目的」なり「野心」なりが必要です。

私は**50歳を超えてからこそ「野心」を持て**、と言っています。3年単位くらいの小さな「野心」ですね。「この本とこの本とこの本は書いて、世間をアッと言わせてやるぞ」とか、「これだけは絶対に成《な》し遂《と》げて、記録に残して死ぬぞ」とか、3年単位で成し遂げられるくらいの「小さな野心」を持って、目をギラッと輝かして、生きるのです。

人生というのは、「この世」にほんの短い間、修学旅行に来たようなものです。人生は「夢」であり「幻」のようなものだとよく言われますが、確かにそうなのです。

だったら、最高の「夢」を見ようじゃないか！

最高の「幻」にしようじゃないか！

そのために、小さなものでいいので「ギラッとした野心」を持って生きるのです。

しかし、それでもなお何かむなしい感じが残る人もいると思います。「消えたらそれで終わりなのか？」という感覚が残るのです。

3つ目に挙げておきたいのが、自分が「死」に向かって生きている、「無」「空」に向かって生きていると日々体感しながら生きることです。

「死」の世界は、「無」の世界、「空」の世界です。そこは「何もない」世界です。**「死に向かって生きる」とは「無」「空」へと駆け上っていくこと**です。

私は自分が「死」へと、「無」「空」へと駆け上っていくとイメージすると、自分の精神が高みにのぼっていくのを体感します。ドイツの哲学者であるハイデガーが、人は「死への先駆的決意《せんくてきけつい》」において「本来性」に至る、と考えたように、私も**「死」へと、「無」「空」へと駆け上っていくのを体感すると、自分を体感すると、自分の精神そのものが高まっていくのを体感できるのです。**

「死の世界」「絶対無」「空」というのは、「死んだ後の世界」であるのと同時に、それは「生まれる前の世界」でもあります。「不生不滅《ふしょうふめつ》」と言いますが、それは生まれる前も、生まれた後も、そして今も「同一の本質」を持っている。私はもともと、「見えないいのち」が「私」という形をとったのであり、今も、そして死んだ後も、私の本体が「いのち」の働きであることは変わらない。

その意味では、**「生きていても、死んでいても同じ。変わらない」**。私は同じ「無」であり「空」である。「形なきいのちの働き」それ自体である。ずっとそうだったし、今も、またこれからも、同じである。今も、死んだ後も、生まれる前も、「私」の本質は変わらない。「無」であり「空」であり「形なきいのち」である。今は同時に、ほんの一瞬、「形ある、幻の世界」にも彷徨《さまよ》い出ているだけ。

「自分は3年後に死ぬかもしれない」と、日々体感しながら生きていると、「生きていても、死んでいても同じ。変わらない」といういのちの実相《じっそう》をありありと実感するようになっていくのです。

私たちは、死ぬことによって「絶対無」へと、「空」へと、「見えないいのち」へと帰っていく。では、その後どうなるんだろう？　生まれ変わりはあるのか。転生《てんしょう》はあるのか。

これは、わかりません。

人間であれば、わからないです。人間であれば、わからないし、わかるはずがない。けれども、多くの宗教、スピリチュアルな伝統によれば、私たちが人格を高めて高潔《こうけつ》に生きるならば、そして人生の使命をまっとうするような生き方をしていれば、よい転生の仕方をするであろうと言われています。

私は**死に向かって、無に向かって、最高に人格を高めたい。精神を上昇させたい。そして、「最高の状態」で死を迎えたい、**と思っています。

では、何が有効な手段になるか。心理学でいうならば、人間性心理学（「自己実現」や、「至高体験」など、人間の最高の境地を探究する心理学）、トランスパーソナル心理学（人間の最高の境地は「個を超えた超越性」にあるとして、それを探究する心理学）などを学ぶことだと思います。

本書で人間性心理学を学んで、自分の精神性を高めていく。ウィルバーのインテグラル心理学（理論）やミンデルのプロセス指向《しこう》心理学を学んで、精神性を高めていく。

このような心理学をぜひ一緒に皆さんにも学んでいただきたいと思います。

また、私の主催《しゅさい》している、気づきと学びの心理学研究会「アウエアネス」などの研修会で人間性心理学やトランスパーソナル心理学を、理論だけでなく、体験的に学んでいく。

それによって、自己探究をしていく。本当の人生を極めていく。至高《しこう》の状態に自分を高めていく。そんな学びを一緒にしていければと思います。

4つ目に挙げておきたい大事なことは、**自分の「使命」「天命」への取り組みを通して、「後の世に何かを遺《のこ》す」こと**です。精神分析的な発達心理学者のE・H・エリクソンの言う「世代継承性《せだいけいしょうせい》（ジェネラティビリティ）」という概念がこれにあたります。

「世代継承性」というのは、たとえば私だったら、日本のカウンセリングの世界に私にしかできない何かを残すことです。こうして本を書くこともそうかもしれません。

私たちにはみな「自分の人生に与えられた使命」が与えられています。魂に刻印《こくいん》されています。生きるとは、見えない何かからのコール（呼び声）にレスポンス（応答）していくことです。その中で魂に刻印されていた使命（ミッション）が浮かび上がってきます。

　そしてその「見えない何か」からのコールへのレスポンスは、具体的には日々の生活での、自分の使命・天命への取り組みという形をとって行なわれます。それは自分1人のことではなくて、アドラーで言う「共同体感覚《きょうどうたいかんかく》」につながります。「共同体感覚」とは、自分が属している組織や、集団の未来にとって自分が何らかの意味ある存在であると感じられることです。たとえば、私でしたら、日本の心理学の未来、日本のカウンセリング界の未来にとって、何らかの意味あることをなしていると実感できることです。これが「共同体感覚」です。

　この「共同体感覚」（アドラー）、共同体の未来と自分がつながっている、という感覚や、何かを後の世代に継承していく「世代継承性」の感覚（エリクソン）——こういう感覚も、人生の後半に、深く自己を肯定《こうてい》しながら日々を送っていくために必要なものかもしれません。

2章

50代・60代、人生で「減らすべきもの、増やすべきもの」

この章では人生後半を幸福に生きるコツをお話しします。それは、

減らすべき時に減らすべきもの（捨てたり、やめたりすべきもの）を減らす。捨てたり、減らしたり、やめたりする。

増やすべき時に増やすべきもの（したほうがいいこと）を増やす。増やしたり、したりするようにする。

これです。

人生の後半、50代60代になったら減らすべきものを減らすことです。捨てるべきものを捨てたり、やめるべきものはやめることです。体力、気力も衰えてきます。エネルギーも低下します。なのに減らすべきものを減らさないと、容量オーバーになって壊れてしまいかねません。

一方、同時に50代60代に増やすべきもの、したほうがいいこともあります。増やすべきものは、しっかり増やしていくことが大切です。

50代・60代で思い切って「捨てるべきもの」

まず、中高年になったら、思い切って「捨てるべき」ものについて、お話ししたいと思います。中高年になったら、思い切って「捨てるもの」は主に4つあります。

❶時間とエネルギーを奪《うば》う「余計なコト」
❷余計なモノ
❸余計な人間関係
❹見栄《みえ》や世間体（承認と自尊の欲求）

それでは順番に説明していきましょう。

❶時間とエネルギーを奪う「余計なコト」を捨てる

中高年になると、「残り」の人生の時間がだいぶ少なくなってきます。体力も気力も衰えてくる。時間、体力、気力、エネルギー、これらを節約しないと、やっていけなくなります。

私も実感していますが、50代半ばを過ぎたあたりから時間の流れが、とても速くなっていきます。時間が本当に足りない。

毎日、さっき起きたと思ったら、もう夕方、夜になっている。

「あれっ、さっき起きたばっかりなのに、今日はもう終わっちゃうの」

こんな毎日です。

時間が本当に足りない。毎日がこんなに短いんだったら、10年なんてもう「あっという間」です。

相当時間を節約しないと、いい人生を生きることはできないと思います。

では、どうすればいいのか。それは「余計なコトを捨てる」ことです。余計なコトに使う時間、エネルギーを減らす。そして、大切なことにだけ集中的に時間とエネルギーを使っていくのです。

「こんまり」するのです。近藤麻理恵《こんどうまりえ》さんの『人生がときめく片づけの魔法』というベストセラーがありますが、アメリカで「こんまり」と言ったら、知らない人はいないのではないでしょうか。アメリカでは「こんまり」すると、日常用語で使うくらい有名な言葉ですね。

「こんまり」する。それは、あるモノをとっておくか捨てるかは、自分の心に聞いてみて、「ときめかないと捨てる」ということです。**ときめかないと捨てる。ときめいたら捨てない。**この方針で、「すること」「捨てること」を振り分けていくのです。

❷「余計なモノ」を捨てる

中高年になったら、どんどんモノがたまります。

特に都心で暮らそうとすると、広い住居は望めません。年を取ると、狭《せま》くても便利な場所。狭くても便利な住居。いろいろなところに通うのに、便利な場所で暮らしていく。都心回帰《かいき》の傾向が中高年になればなるほど高まってくるのも、よくわかります。将来のことを見据《みす》え、大きな家を処分して都心に住み替える方も少なくありません。

子どもを育てている時は大きな家がよかったけれども、夫婦だけだと、あるいは単身だと、広い家は掃除をするのに大変なだけ。狭くても便利な都心の、移動が便利な場所に住みたいというニーズが高まってくるわけです。

そうなってくると、部屋は狭くなります。ますますモノを置く場所がなくなって、さて「こんまりするか」となるわけです。

私は学者ですから、書籍が多いんですね。しかし、研究室は残念ながらそんなに広くないです。だから書籍も選んで捨てていく。多少惜《お》しい気持ちになっても「**これは要《い》らない**」**と思ったものは、心を鬼にして、ためらいなく捨てていく**ことが重要です。

❸「余計な人間関係」を捨てる

人間関係ですごく気を使っている、時間もエネルギーもすごく使っているという人が多いです。親戚関係。家族の関係。仕事関係。ボランティアでの関係。いろんなお付き合いがありますね。お付き合いに時間もエネルギーもすごく使ってしまっている。そんな人は、人間関係を整理する。**人間関係を「こんまり」する。**それが重要になってきます。

つまり、ときめかない人間関係は捨てていく。モノを処分するのと同じように、人間関係も処分していったほうがいい。

とりわけ、50代のうちに、自らの意思で人間関係を整理しておくことが大事です。60歳を過ぎると、死別や退職などで、望んでいなくても少しずつ人間関係が切れていきます。

人がどんどん死んでいく。退職すると仕事上の付き合いだった人と、関係が完全に切れます。選ぶ・選ばないに関わりなく、自分の選択に関わりなく、だんだん孤独になっていく。精神的なショックも少なくありません。

「退職した後も続ける人間関係」と「退職したら終わってしまう人間関係」とを区別して、退職したら終わる関係はそろそろ整理していくのも重要です。**面倒な付き合いを避ける。**1人で過ごせるような人間になることが、ますます必要になってくる。「孤独力」が重要になってきます。

惰性《だせい》で続けている人間関係は整理する、カットするということをそろそろしていったほうがいいと思います。

たとえば、人間関係が大きなウエイトを占めている仕事をしている人には、「名刺が1万枚集まりました」というのを大きな喜びにしている人もいますね。人間関係、人脈が自分の大きな財産、リソースだというわけです。けれども、仕事を辞めてしまった後は、名刺のほとんどが役に立ちません。

ですので、人間関係が占めるウエイトを退職に向けて徐々に減らしていくのが大事だと思います。

あくまでも仕事上の付き合いの人は、「そのうち終わる付き合い」だと割り切って付き合っていく。一方、「仕事が終わった後も大事にしたい人間関係」が占めるウエイトをそろそろ大きくしていくのです。

仕事の忙しさで気を紛《まぎ》らわせてきた人ほど、退職するとぽっかりと心に穴があいてしまいます。**孤独を楽しんで生きることができるようになること、「孤独の達人」になっていくこと**が重要です。

孤独力が高い人は、自分1人で人生を楽しむことができる。自分1人でじゅうぶんに深く、豊かな時間を過ごすことができるのです。

❹見栄や世間体、「承認と自尊の欲求」を捨てる

皆さんの周りの「面倒くさい」50代、60代、70代を思い浮かべてください。「誰かに認めてほしいという気持ちが強い人」「誰かにプライドを立ててほしいという気持ちが強い人」ではないでしょうか。こういう気持ちが強いと、本当に、「面倒くさい人」になってしまいます。

面倒くさい中高年。なりたくないですよね？

「なんかあの人、面倒くさいねぇ～」と言われる人は、やたらと人に構ってほしがっている人です。

面倒くさがられる中高年になりたくはないでしょう？

だとしたら、捨てるべきは何か。捨てるべきは「承認と自尊の欲求」です。

承認と自尊の欲求、つまり「立ててほしい」「大切にしてほしい」「認めてほしい」という気持ちは、自己実現論で著名なマズローの言う人間の「欠乏《けつぼう》欲求」の最大のものです。ここに執着《しゅうちゃく》してしまうか、それともそれから自由になれるかが、「面倒くさい中高年」になるか、「さわやかに自分の人生を生きることができる人」になるかの大きな分かれ目になります。

「認めてほしい」とか「かまってほしい」とか、こういった気持ちから、どれくらい解放されているか。そこに「さわやかな充実した中高年」になるか、人に求めてばかりの「面倒くさい空虚《くうきょ》な中高年」になるかの大きな分岐《ぶんき》点があるのです。

中高年になって「捨てるべき最大のもの」。それがこの「承認と自尊の欲求」なのです。

承認欲求が強いままだと、SNS上でも「いいね」欲しさに、おもねった書き込みをしたり、自分が批判されて逆ギレして噛《か》みついたりします。

ちょっと批判されたら逆ギレして、噛みついたり、絡《から》みついたりして、面倒くさい人。あなたの周りにもいるはずです。

そういう人にならないようにしましょう。

自分も疲れ果てるし、周りの人を振り回すだけです。

もし自分に、そういうことをしてしまいそうな傾向があると思ったときは、しばらく「SNS絶ち」をする。ツイッターをしばらく見ない。LINEもしばらく見ない。少なくとも、返信はしない。自分で書き込みはしない。見るだけにしておく。そうやって「面倒くさい人」にならないようにしましょう。

また、次の2つのことも、考えておきたいものです。

・年賀状、お歳暮などの何となく続けてきた「習慣」をやめる

50代、60代で「やめたほうがいいもの」は、何となく続けてきた「習慣」です。年賀状や暑中見舞い、お歳暮やお中元もそろそろやめてもいいかもしれません。特に、仕事関係の後輩や取引先のうち、年下の人への年賀状、暑中見舞いなどの慣習はやめてしまうのがいいと思います。

若い人でたくさん年賀状を書いている人は珍しいです。けれども、若い人にしてみたら、会社に残っている60代は、大先輩にあたります。「年賀状をもらったら返さなくては」という義務感《ぎむ》だけで、年賀状のやり取りをしている可能性が高いです。本当はやめたい。面倒くさいだけです。ですので、次の年からは、「年賀メール」だけにしておく。すると、「ああ、助かる」と思う若い方は意外と多いかもしれません。40代以下の方にはそろそろ年賀状は控《ひか》えたほうがいいかもしれません。

お中元、お歳暮もそうですね。贈ってきたら返さないといけない。どの都市に住んでいるかによっても違いますが、地方だとまだまだこういう習慣が盛んです。けれども、これもう50代半ばを過ぎたら、そろそろやめていいんじゃないかなと思います。お互い手間がかかるだけです。だったら、そのお金で自分の欲しいモノを自分で買ったらいい。手間も省《はぶ》けるし、効率がいいです。

そんなふうに、時間やエネルギーの使い方を変えていったほうがいいのではないでしょうか。

・孫に見栄を張らない

60代半ばになったら、子どもや孫との付き合い方も見直したいものです（50代で、もうお孫さんがいる人もいるでしょうし、70代ではじめてお孫さんができる人もいるでしょうが……）。

たとえば、お孫さんが小学校に入学した時に、お祝いに数十万円も渡してしまう人がいます。

これは、双方にとってやっかいで、危険なことです。大金持ちならいいですよ。何億も持っている人ならば、ポンと数十万円渡してもいいと思うんですけれど、ふつうの人が70代になって、自分の老後の資金も心配なのに、見栄を張って数十万円も渡す。本当はお金がないんだけど、見栄を張っているわけです。しかしこれは、自分の生活の首も絞《し》めるし、相手にとっても気を使わせるだけです。これは、年寄りの承認欲求の表れですね。

ランドセルもそうです。今、ものすごく高いランドセルが売られていますね。お金がないのに見栄を張って高いランドセルを買い与える人もいます。

孫に「おじいちゃん、おばあちゃん、スゴイね」と思われたいわけです。しかし、1回これをやってしまうと、何か欲しくなったら、おじいちゃん、おばあちゃんに言えば買ってくれるんだと、悪い習慣をつけるだけです。モノを欲しがる悪い欲望を駆《か》り立てるだけです。

その後も中学入学だから、高校入学だからと、金銭的な援助をその都度求めるようになる。ゲームが欲しくなったら、「おじいちゃん、おばあちゃん買って」と求めるようになる。

親としては、わがままな子にしたくないということで、もうこれ以上、モノを買い与えたくない。

けれども、おじいちゃん、おばあちゃんが買うから、子どもの欲望にコントロールがきかないと困っている親御さんも多いんですね。

それに気付かずに、お孫さんに喜んでほしいから、どんどんモノを買い与えてしまう。しかも自分のなけなしの老後資金を減らしている。これは、やめたほうがいいです。

本当にお金がなくなったら、自分のお子さんに「ごめん。私、もう生活できない。なんとかして」と泣きつく。これこそホントの迷惑です。

なので、60代、70代は自分で自分の生活資金をちゃんと管理する。そのためにも、ヘンに孫に見栄を張って大金を渡したりしないことが大事です。

お年玉なんかも同様です。あらかじめ「1人3000円ね」と言って、渡すことが大事です。たとえば、去年まで、1人1万円あげていた。けれども、70歳になって老後資金が底を尽《つ》き始めたというときには、正直に「ごめんね。おじいちゃんね、今、生活が苦しいんだ。去年まで1万円だったけれど、今年から3000円でごめんね」と言って正直に伝えるほうがいい。

これを「自己開示《じこかいじ》」と言います。自分の弱い姿をおじいちゃん、おばあちゃんが正直に見せることがお子さんやお孫さんの教育にとって重要になってきます。

見栄を張るのがカッコイイわけじゃないんですね。**見栄を張らずに、自分の弱い姿を正直にさらすのが、人間としてカッコイイ。**そういう姿を見せることです。

もしそれで子どもや孫が離れていくくらいだったら、離れてOKだと考えましょう。そんな子どもや孫は寄りつかなくてOK。お金目当てに寄ってくる子どもや孫は要《い》らない。そんな姿勢でいいのではないでしょうか。

私は、まだ孫はいませんけれど、もし孫ができたとしたら、正直に、「ごめん。今お金がないから、今年のお年玉は１０００円にまけて。１日の食事代、１０００円で暮らしているんだ」と正直に言えるおじいちゃんになりたいと思います。

見栄を張らず、自分の弱みをちゃんとさらすことができるおじいちゃん、おばあちゃんがカッコイイ。そういう姿を見て、お孫さんも、立派に育っていくんだと思います。

余計な人、余計なモノ、余計な人間関係。そして、何より見栄と世間体、承認と自尊の欲求。これらを55歳から70歳くらいまでに少しずつ、少しずつ見直していきましょう。解

約し、手放し、捨てていきましょう。本当に大事なものを大事にできる人生につながっていくはずです。

50代・60代で「減らすべきもの」

人生の後半、つまり50代、60代になったら、減らすべきものをしっかりと減らすことが大切です。「捨てるべき」とまではいかなくても「しないようにしたほうがいいこと」をしないようにしたり、「しすぎないほうがいいこと」を、しすぎないようにすることが大切です。体力、気力も衰えてきます。エネルギーも衰えてきます。なのに、減らすべきものを減らさないと、容量オーバーになって、壊れてしまいかねません。

ではまず、50代、60代で、何を減らすべきか？

❶完璧を求めない

ある方が、こう言いました。

「私の心にはいつも無限の階段があるんです」

この方は努力家です。仕事にも勉強にも一生懸命で、いつも限界まで頑張ってしまいます。常に人生の階段を上《のぼ》り続けている。

「ああ、私、頑張ったな。ようやくここまで頑張れたんだな」。そう思って安心していたら、それも束《つか》の間、ふと見上げると、また階段がある。「ああ、まだまだ頑張らなくては」と思って、ゴールに向かってさらに努力を続ける。そして「ああ、私頑張れた。達成できた」と思う。

けれども、そこで安心してふと上を見上げると、また階段がある。

そうやって、無限にどこまでも続く階段がある。「人生の無限階段」がある。

こんな感じなわけです。人生に無限に階段があって、どこまで行っても、もっと上だ、もっと上に行かないと、と自分に求めてしまう。「今のままじゃダメだ。こんなんじゃダメだ」と常に自分を否定している。

この方は、たぶん、相当まじめで優秀な方です。努力家で向上心も強い。けれども、心の中では、自己否定感でいっぱいです。

「もっと、もっと」と自分に求め続けて、絶《た》えざる自己否定に陥《おちい》らざるを得ない。

もちろん向上心そのものは悪いことではありません。

向上心にもいろいろな向上心があって、自分のよいところをさらに増やしていくような向上心もあります。そうではなく、絶えず自分に「もっと上を目指せ。そうでないとダメだ」と、完璧を求めて、完璧でないお前はダメなんだとダメ出しをし続ける心の在《あ》り方。これを完全主義と言います。

完全主義の人は、いつも自己否定に陥らざるを得ません。

「100点じゃないとダメだ」と言われて育った子どもが、90点だった僕はまだダメなんだと言って、パニックになることがあります。

このような子どもが大人になっても、「まだダメだ。こんなんじゃダメだ」「なんで、まだ90点しか取れないんだ?」と心の中で自分に言い続けている。これでは、いつまで経《た》っても、幸福にはなれません。

❷幸せのハードルを下げる

幸せのハードルが高すぎる人がたくさんいます。**もっと幸せのハードルを下げましょう。**

幸せのハードルを下げて、「ああ、私の部屋には、太陽がさんさんと当たっている。それだけで幸せだ」「パン屋さんのいいニオイがする、それだけで幸せだ」「疲れて飲む1杯のコーヒーが今日もおいしい。だから私は幸せだ」というふうに。そんなふうに幸せのハードルを下げるのです。

❸「わかってほしい」「認めてほしい」と人に求めない

人に理解を求めないことです。

真面目な人はついこう考えてしまいがちです。人間、努力してさえいれば周囲は理解してくれるはずだ。自分が努力さえすれば、周りの人はわかってくれて認めてくれるはずだ。

これは、大きな勘違《かんちが》いです。

いくら頑張って努力していても、理解してもらえない。認めてもらえないということが当然あります。

本もそうです。すごく頑張って書いた本で全然売れない本もあります。一方、そんなに努力せずにつくった本が売れたりすることもあります。

これが人生の現実というものです。努力しても叶《かな》わないこともある。逆に、そんなに努力しなくても期待以上の成果が出ることもある。

人生は不条理です。人生は不条理に満ちているということを理解しておくことが、とても大事です。

リスペクトしてほしいという気持ちが強すぎるのは、心が未成熟な証拠です。いくら自分が認めてほしいと思っても、逆に認められないこともある。認めてほしいと思っていなくても、認めてもらえることもある。不条理なものです。

真に成熟した大人は、理解を求めないものです。わかってくれなくてもそれでいいという割り切りがある。わかってほしいという気持ちを捨てることです。

他者の期待に応えることで自分のことを価値があると思えるのは、子どもの心の状態です。子どもはまさにそうで、お父さん、お母さんに褒《ほ》めてもらうことで、ようやく自分のことを価値ある存在だと思えるのです。

「わかってもらえなくても自分には価値がある」――そう思えることが、大人であることの証しです。

大切なのは、無条件の「自己価値感」の確立です。自己価値感は、「価値観」とは異なります。価値についてのものの見方のことを「価値観」と言いますが、この場合は「自分には価値があるという感覚」なので、「感」です。

この自己価値感と承認欲求がワンセットになっている人は心が未熟な証拠です。これを断ち切る必要がある。

人から認められて承認欲求を満たすことで、はじめて自分は価値があると思えるという感覚を断ち切る。捨てる。そうしないと、いつまで経っても「周りに認められる・認められない」に左右される人間になってしまいます。

50代、60代でもSNSで「いいね」がもらえないと、承認欲求が満たされない、自分に価値があると思えないのは危険な証拠です。

自信がないから匿名《とくめい》で人を叩く。そこではじめて自分の価値を感じることができる人もいます。これはもうやめたほうがいい。人を叩くことではじめて自分に価値があると思える人が増えているのは、日本人の質が劣化《れっか》している証しだと思います。

承認されようとされまいと、割り切る。つまり、承認欲求を捨てる。減《げん》じていく。それが大人の心性《しんせい》であると思います。

大人は、人から承認してもらえるかどうかは、自己価値感を得るうえで不可欠なものではないことをわかっています。**人から認められようと認められまいと自分に価値があることは、すでにじゅうぶんにわかっている**という感覚。**不動の、揺《ゆ》るがない自己価値感。**これが大事です。

❹「ふつう思考」をやめる

「ふつうだったら」と考える癖《くせ》をやめましょう。「ふつう幻想」から自分を解き放つのです。たとえば、50代で結婚していない独身の方は、「ふつうだったら50代といえば、子どももいて、孫もそろそろできるはずなのに」と、子どもや孫がいないことに劣等感（コンプレックス）を持っている方は少なくありません。なぜこれをコンプレックスに感じるのかというと、「ふつう」にこだわっているからです。

「ふつうだったら家族がいて、孤独死する危険性はないのに」「孤独死に怯《おび》えているのは、私がふつうでない生き方をしてきたから」などなど。

けれども、考えてみると、みんな、1人で生きて1人で死んでいくわけです。これを強く感じるというのは「ふつうへの囚《とら》われ」が強いからです。現代は、単身世帯もマジョリティになってきています。それを、今独身である、1人暮らしであるというだけで、「自分はふつうでない」「ふつうでないからこんなにも孤独死に怯えているのだ」「ふつうの死に方ができないのではないか」と、ありもしない「ふつう幻想」と自分を比較しているがために、自己否定に陥るのです。

「ふつう幻想」と自分を比較するのをやめる。**「ふつう幻想」から自分を解き放つ**のです。

❺他人の期待に応えない

一方で、「わかってほしい」「認めてほしい」と他人に求める気持ちを捨てる。他方で、「他人の期待に応えたい」という気持ちを捨てることです。

日本人からすると意外に思われるかもしれませんが、アメリカ人の間でも、同調圧力は根深い問題を生んでいます。周りの人に合わせなくてはいけないというプレッシャーは、なかなか強いものがあるんです。

人の期待に応えようと、絶えずビクビクしている。周りの期待に応えられない自分を否定的に思ってしまう。期待に応えようとするがために、自己喪失に陥っているということがアメリカでも大きなテーマになっています。なので、他人の期待からの解放を唱《とな》える心理学のワークショップはとても大きな人気がありました。

その中で、ゲシュタルト療法の創始者フレデリック・パールズという人が「ゲシュタルトの祈り」という詩を詠みました。これは、自分らしく生きるための心理学の詩です。自分を取り戻すことを鼓舞《こぶ》するような内容になっています。

私は私のことをして、あなたはあなたのことをする。
私はあなたの期待に応えるために、この世に生まれたのではない。
あなたは私の期待に応えるために、この世に生まれたのではない。
あなたはあなた、私は私。
私には私の人生がある。
あなたにはあなたの人生がある。
もし2人、心が通い合うことがあれば、それはそれで素晴らしいこと。
けれどももし、わかり合えないままであっても、それはそれで致し方のないこと。

「ゲシュタルトの祈り」を1日に30回も40回も唱えることで、「人生の物語」（セルフ・セオリー）を変えることができます。人の期待に応えなくてもいいのではないか。もっと自由に生きてもいいのではないか。そういう気持ちが生まれてきます。

人の期待に応えたい気持ちを捨てる。

成熟した大人は、また、他人に強く求めたりもしないのです。

❻単独者で生きる（他者や世間におもねらない）

「単独者《たんどくしゃ》」というのは、デンマークの哲学者のキルケゴールの言葉です。家で1人で死ぬことを一般的に「孤独死」と言いますが、これをキルケゴールの言葉をもじって「単独死」と言い換えた方がいいました。とてもいいと思います。

人間、みな、1人で死んでいくのです。死という人生の不動の現実を1人で受け入れて、1人で死んでいく。「単独死」とはこういう感覚を表現した言葉です。

孤独死というと「ああ、なんか1人で死んでいくんだ」「嫌だよ。1人で死んでいくのは寂《さび》しいよ」とびくびく怯えている感じがあります。

けれども、単独死というと、「よし、来い」「人生に死があるのはわかっているんだ。人間、誰でも死ぬんだ。**私もいつかは死ぬし、そのうち死ぬ。**しかも死というのは、いつ訪れるかわからない。**よし、来なさい。引き受けてやろう**」といったニュアンスが出てきます。1人で死を受け入れる決意と覚悟が、単独死という言葉には表現されています。

そこにあるのは、プライドです。1人、寂しく死ぬのではなくて、自分で自分の死を引き受けて単独で死んでいく。そう言い換えると、プライドを持って死ねるという感覚が増してくるのではないかと思います。

単独者として生きるとは、「世間におもねらない」ということ。他者や世間におもねらない。**人から嫌われてもいい。嫌われても、私には私の人生があるんだ。**私には私の人生があって、私には私の生き方がある。そう思って生きることです。

世界中の人間が私のことを敵だと思っても、私だけは自分の味方でいる。こういう決意、覚悟を持つこと、これが単独者として生きることです。

言い換えると、本気で選び取った自分を生きることです。キルケゴールはこう言います。

「何を選ぶかはさほど重要ではない。何かを本気で選ぶことが重要なんだ」

これは、『あれか、これか』という本の中の言葉ですが、わかる気がします。何かを本気で選んで、選んだものを本気で生きるということが、重要です。自分を賭《か》ける、自分を賭《と》するということですね。恋愛だってそうだし、学問だってそうです。たとえば地理も歴史も好きだし、哲学も好きだし。あれもこれもかじったままで、何も本気で勉強しない。そうなると、学問に自分を賭けるなんてことはできなくなります。

「俺は哲学で行く」となったら、哲学1本に自分を追い込んでいく。それが重要です。

何か1つに賭けるとは、本気で生きるということです。

恋愛にしても、「この人も好きだし、あの人も好きだし。どちらともいい関係を持っておこう」「どちらからも嫌われないでいこう」とリスク回避して生きて、5人も6人も仲良しの異性がいるというのは、どれ1つ本気で恋をしているとはいえないわけです。

単独者として生きるとは、自分自身と誠実に向き合うということです。

自分の内側の深いところと絶えず向き合う。絶えず自分と向き合い、自分自身と対話しながら生きることです。

表面的な浅い生き方ではなくて、自分自身を深く生きる。そして、深く生きている者同士が深くつながり合うのが、単独者同士の深いつながりです。深く生きた者同士が深くつながり合うのです。

❼「表層の時間（世界）」から、「深層の時間（世界）」へと退却する

50代、60代になるともう、あわただしく「表層の時間」「表層の世界」を生きる暇《ひま》はなくなります。そこから退却し、自分の内側深くに入り込んで、そこに流れるゆったりした時間を生きる。これが「深層の時間」です。

我《われ》を忘れて、「内側深くに入り込んだ時間」を生きるということでもあります。内側に深く入り込んでいればいるほどに、時間の流れは違ってきます。日常とは「異質な時間の流れ」が流れていると感じられます。

時が止まったような、けれども、深いところでは、しっかりとした力強い時間が流れているような、そういう感覚に変容していくことがあります。

「深い時間の流れを生きているという感覚」を持つことができるのです。

アメリカの心理学者のクラーク・ムスターカスは、

「私たちは、**すべてが自分のためだけにある、完全に自由になることができる、小さな、人目から隠された庵《いおり》を確保しなければならない**。そこでは本当の自由と本質的な退却と孤独を達成することができるのだ」

と言っています。この「本質的な退却と孤独」の体験が「深層の時間」を生きるということです。

❽2人よりも1人が幸せ

辻川覚志《つじかわさとし》さんという方が、『老後はひとり暮らしが幸せ』という本を書かれています。

60歳以上の高齢者４６０人を対象にした調査の結果が示されています。結果は、同居者よりも独居高齢者の満足度のほうが高かったんですね。満足度は、心身の状況が変化しても変わらない。しかも、子どものある人とない人でも、満足度はほとんど変わらなかった。よく「子どもがいるから、いいね」というふうに、子どものいない人はコンプレックスを持ったりします。けれども実は、子どもがいる・いないは、60代の人の幸福度にあまり関係ないのです。

娘が近所に住んでいると満足度はやや高いようです。けれども、男の子の場合、子どもの有無は、老後の満足度にはほとんど関係ありません。息子がいようといまいと、親の幸福度にはあまり関係していないのです。

同居の家族数と幸福度を調べると、**最も満足度が高いのは１人暮らしの世帯**です。最低が２人暮らしの世帯。これは面白いですね。「３人、４人暮らし」でなくて、「２人暮らし」は幸福度が最低なんです。

60代は**夫婦２人暮らしが一番ストレスが高い**んですね。子どもがいたりして、３人になると、やや満足度が高くなる。４人以上の三世帯同居の満足度は１人暮らしの満足度にほぼ匹敵《ひってき》するようになります。

「一番キツいのは、2人暮らし」。これは避けたいものです。

アドラー心理学では、「すべての悩みは人間関係の悩みである」と考えます。同居している人が多いと、その分、人間関係の悩みは生まれやすい。そう考えると、1人暮らしは、減点の要素が少ないといえます。

もう1つ、大事なことは、高齢者になったら生活環境を変えないことです。慣れ親しんだ家や土地を離れないことが大事なのです。

ヘンに住む土地を変えようとか、家を住み替えようとかの欲を捨てることが大事です。私の母親は九州にいますが、東京に連れてきてもよくないと思います。

さらに、真に信頼のおける友人を持つこと。**本当に仲のよい、2~3人の友人を持って、**深い交流を行なっていること。たまに会うだけでもじゅうぶんです。

逆に、**近くにいる友達は、表面的でゆるい友達がいい**。遠くにいる人は、たまにしか会わないけれど、ディープに深く関われる人がいいのです。「遠くにいてしっかりとつながれるけれど、たまにしか会わない友人」と、「近くにいるけれども、あまり深く関わり合わないような友人」と、両方いるのがいいということなんです。

1人暮らしの満足度が高い原因は、家族に気を使わずに自由に暮らせる点です。ここでも自由ということが、とても大事になってきます。

同居家族がいると、どうしても気を使う相手が増えてくる。そうすると、悩みの源になります。1人暮らしだと、最初から相手に期待をしないので悩みが増えずにすむ。穏《おだ》やかな気持ちで過ごせます。

人と一緒に暮らしていると、人間というのは、やっぱり人に求めたり、求められたりする。すると、自分がそれに応えられないと悪いと思ったり、相手がそれに応えてくれなかったりすると不満を抱いてしまう。

だったら最初から何も求めず、1人で暮らしたほうがずっとのびやかに暮らせるのです。

❾パートナーのスマホをのぞき見たりして拘束するのをやめる

大人同士の関係の鉄則は、プライバシーを守り合うことです。

ある50代の女性が相談に来られました。

「私はもう1人暮らしが長い。だから、結婚したいけれどその自信がない。1人暮らしの自由さをこれだけ満喫したら、今さら結婚するのは不自由が増えることにしか思えない」

私が提案したのは、「1日1時間だけ共通のリビングで過ごす」というルールを設《もう》けて、その上で結婚しては？　というアイデアでした。その方はこのルールならできるかも、ということで結婚し、最高にうまくいきました。

長い期間、1人暮らしをしていた人が、いきなり24時間一緒に暮らすというのは無理があります。**「1日1時間だけリビングで一緒に過ごす」**くらいの感覚がいいんです。

共同生活で大切なのはお互いの秘密を尊重することです。パートナーのスマホのロック解除などは絶対にしないこと。スマホにロックをかけない、いつでもスマホを見ていいのが本当に親密な証しであると言う方もいるんですが、私はそうは思いません。

何の秘密もない関係、スマホにロックをさせない関係は、まったく自由が奪われた支配服従《ふくじゅう》の人間関係です。お互いに服従し合い、拘束《こうそく》し合っているわけです。

パートナーによる**スマホのロック解除は絶対に認めない**ほうがいいと私は思います。お互いに精神の自由を認め合う結婚生活、恋人生活を送ることが、お互いの自由を尊重し合う人間関係を保つためには、とても重要です。

⑩長期的な人生計画はやめる

人生計画を長期的に立ててしまう。10年後、こうしよう。20年後、こうしよう。これは、

「人生100年時代」を前提に立てるわけです。

けれども、リアルな話をすると、男性で100年生きる人なんて、まずいません。50も半ばを過ぎたら、いつ死ぬかわからないわけです。けれども、とりあえずあと3〜5年くらいは生きているだろう、今58歳の私であれば61歳までは生きているだろうと思えるので、「とりあえず3年単位」で生きるという生き方を提唱《ていしょう》しているわけなんです。

失敗しないためには、あまり**「長期的な人生計画を立てない」こと**です。人生は日々変わります。日々さまざまな偶然のチャンスが運ばれてきます。長期的な人生計画を立ててしまうと、それの奴隷になってしまいます。自分で立てた計画の奴隷になってしまう。目的と手段が逆転してしまうわけです。

自分で立てた計画に縛《しば》られて、今巡《めぐ》ってきているチャンスや出会いをないがしろにしてしまうことになりかねない。そうならないためには、「3〜5年」くらいの人生計画で生きていく。まずは、とりあえず3年生きてみる。3年精いっぱい生きてみて、それを終えたら、また3年の計画を立てて、生きてみる。

そんな「3年更新制の生き方」をおすすめしたいのです。

⓫過去への囚われや、未来への空想を生きるのをやめる

たとえば60代の方でも、「私が幸せになれないのは、子どもの頃、母が私を愛してくれなかったからです。母は妹のことを愛していました」などと語る方がいます。妹と自分を比較して、「私は愛されなかった」ということに、何十年もずっと囚われているのです。

この方は「過去に生きている」わけです。

未来のあれこれを空想ばかりして、「いつかああしよう、こうしよう」と思ってばかりいて、まったく行動に移せない人もいます。こうなると**50代になっても60代になっても、空想するばかりで、現実に行動することがないまま人生がどんどん過ぎていってしまう**わけです。

「こんなふうになれたらいいな」と思いながら、どんどん人生が過ぎていく。『俺はまだ本気を出してないだけ』というタイトルの映画がありましたが、本気を出さないまま50代、60代を迎えて、そのまま人生が過ぎていって、さあ、全力を出そうという時には、もう80代になっていると。全力なんか、どこに残っているのか、ということになってしまいかねないんです。

50代・60代、場合によっては「捨てるべきもの」

結婚と寿命の関係

これまで述べたことは、大方の人に当てはまることです。

一方、「人によっては」「場合によっては」50代、60代に捨てたり減らしたりしたほうがいいものがあります。それは「結婚生活」です。

71ページのグラフは、独身研究家の荒川和久《あらかわかずひさ》先生のデータです（2018年人口動態調査より、配偶関係別年齢別死亡者数構成比にて、独身研究家・荒川和久氏作成）。

まず男性を見てみましょう。男性を見てみると、未婚男性の寿命は65〜69歳がピークです。つまり、**結婚しないと男性はかなり早死にですね**。65〜69歳でお亡くなりになる。

離別した男性は、どうか？ 70〜74歳くらいが寿命のピークです。

結婚して配偶者がいる男性の寿命は80代前半ですね。

結婚しているかいないか、離婚しているか。妻がいるかで男性の寿命はこんなに違うんです。私はびっくりしました。

男女配偶関係・死亡年齢別の構成比

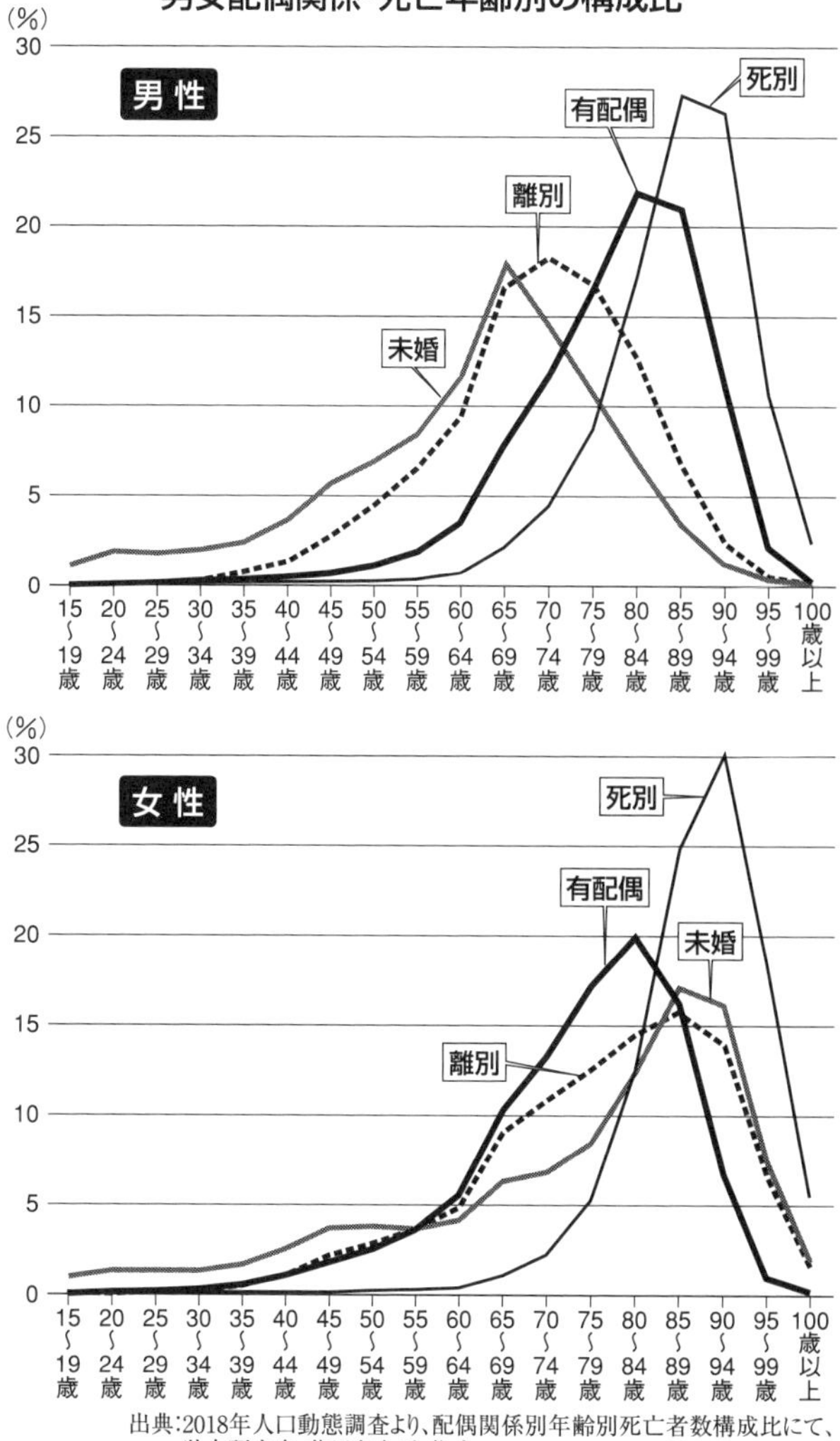

出典:2018年人口動態調査より、配偶関係別年齢別死亡者数構成比にて、
独身研究家・荒川和久氏 作成

配偶者がいる場合、男性は85歳くらいまで生きているのに対して、未婚男性は65～69歳までしか生きられない。15年も違うんです。寿命が。

では、女性の場合はどうか。

まず未婚女性は、結婚している女性より、離婚した女性よりも、長生き。女性は、結婚しないほうが長生きできる。85～89歳まで生きられる。

ほとんど同じなのが、離別した女性。ほぼ同じです。

恐ろしいのが、結婚している人が、女性は一番早死に、という結果です。

端的《たんてき》に言うならば、**男性は、結婚しなければ早死に。結婚して離婚をしないのが一番長生きできる。**

一方、**女性は、長生きしようと思うならば、そもそも結婚せず、一生独身のままが一番よろしい。結婚して、離婚もせずに夫と一緒にいると、早死にする傾向が高まる。**恐ろしい結果ですね。

あともう1つ読み取れるのは、結婚して離婚をしなければ男性と女性の死亡年齢はそんなに変わらない、ということです。

男性と女性の死亡年齢で大きな違いが出るのが、独身の人と離婚した人です。**一生独身**

のままの女性の寿命は約90歳。一方、独身男性の寿命は約65歳ということで、なんと25歳も違うのです。驚愕《きょうがく》のデータです。

離婚した人もずいぶん違います。離婚した女性は85～89歳まで長生きできるのに対し、離婚した男性は、70～74歳まで。寿命が15歳も違うのです。

とりわけ、50代、60代の女性にとっては、結婚というものは「もしかすると、捨てるべきもの」かもしれないのです。

もう一度同じ相手と結婚したいか

74ページにあるグラフは2015年の第一生命経済研究所「高齢者の夫婦関係」からのデータです。

これも衝撃的な結果です。

60代、70代の夫のうち、妻に対して「もしもの時に頼りにならない」と思っている方は、わずか8・8%。対して妻のほうは、その5倍で41・9%が、夫に対して「この人は頼りにならない」と思っているのです。

また同じ調査で60代、70代の夫婦に調査したところ、男性の側は、生まれ変わったら今

高齢者夫婦間の意識の違い

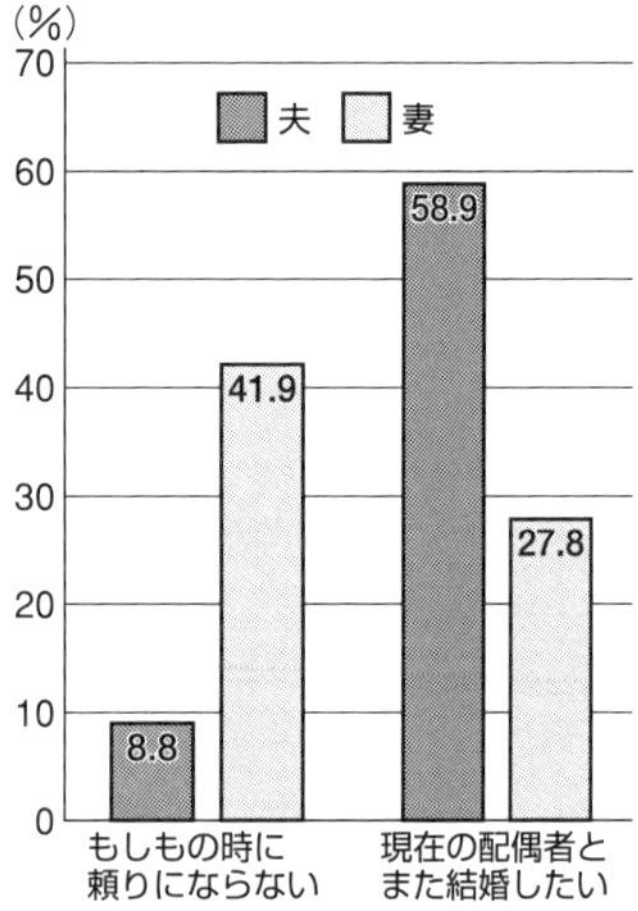

出典:2015年第一生命経済研究所
「高齢者の夫婦関係」のグラフをもとに作成

の妻ともう一度結婚したいという方がなんと約6割。一方、女性はその半分以下。もう一度、今の夫と結婚したいと思っている方は、わずか27・8%でした。衝撃的な結果です。

あまりにも差が激しい。つまり、夫のほうは、妻に依存しきっていて、頼りにし、妻がいないと生活できない。そういう状態にあるから、**夫の約6割が「もう1回今の妻と結婚したい」**と思っている。これに対し、**今の夫ともう一度結婚したいと思っている妻は、4人に1人程度**しかいない。もうこの人とは今生《こんじょう》でおさらばだと思っているわけです。

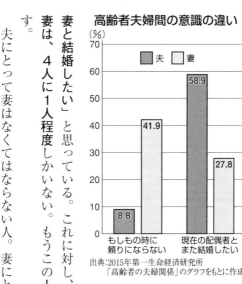

夫にとって妻はなくてはならない人。妻にとって夫はお荷物でしかないことが、如実《にょじつ》に読み取れる結果ではないでしょうか。

50代、60代の女性にとって、夫は「もしかしたら、捨ててもよいもの」「思い切って捨てることができるなら、捨てたほうがよいもの」なのかもしれません。

50代・60代に「増やすべきこと」「したほうがいいこと」

多くの人は、50歳になり60歳になっていく中で、時間に流され、自分というものを見失っています。自分を見失わずに、人生後半を豊かに生きるために、どんなふうに人生のプランニングをしていけばいいのでしょうか。

ここでは、人生後半を豊かに生きるうえで「増やすべきもの」「取り組んでみるとよいこと」を挙げたいと思います。

❶「子どもの頃、熱中していたもの」の中にヒントを探す

子どもの頃、何かを集めるのが好きだった人も多いと思います。切手を集めるのが好きだった。あるいは、昆虫を集めるのが好きだった。何かに熱中していたのであれば、それは自分自身の、存在の一部になっているはずです。

たとえば4歳、5歳の頃、小学校低学年の頃、人によっては小学校5～6年や、中学生

でも構いません。その時に、何かこれにすごく熱中していた、ハマっていたんだというものを思い出してほしいんです。

子どもの頃に、ご飯を食べるのも忘れて、時間が経つのも忘れて、何かに無我夢中になっていたことは、私たちの本質を表しています。

子どもの頃に、母親から「ご飯だよ」と言われても、「ちょっと待って」と言って、無我夢中で、ご飯を食べるのを忘れてやっていたことがあったら、それは何でしょうか。

次章で取り上げる産業カウンセラーの青木羊耳《ようじ》さんの場合、小学生の頃、学校の教師になりたかった。それを思い出して、講師業に進まれたわけです。

皆さんは、どうでしょうか。何に熱中していたでしょうか。思い出して、できれば5分くらいでノートにお書きになってください。

子どもの頃、心の底から熱中していたものです。どんなものがあるでしょうか。

昆虫を集めるとか、切手を集めるとか、ものを教えるとか、走り回るとか。何でもいいのです。そして、もし、これからの人生でそれを活かすことができる仕事、趣味、活動、ボランティアなどがあるとしたら、それは何でしょうか。

❷「子どもの頃、困難を乗り越えた方法」にヒントを探す

「子どもの頃、困難を乗り越えた思い出」を思い出してみましょう。

私の場合、アントニオ猪木さんに憧れて、猪木さんのタイトルマッチのスケジュールを、自分自身の試験のスケジュールとか部活動の試合のスケジュールと一緒に書いていました。「よし。猪木さんも頑張ったんだから、頑張ろう」と、握《にぎ》りこぶしを作る。「ピンチは何度も訪れるんだ。ピンチが訪れたけれど、ピンチこそ自分の本当の力を発揮《はっき》できるチャンスなんだ」「よし、ボンバイエ！」と自分自身に言う。ピンチほど自分の力を発揮するチャンスになる。これが、私の人生の「**マイスタイル（困難を乗り越える時の自分のスタイル）**」です。

皆さんは、**子どもの頃、どんなふうにして困難を乗り越えましたか？** あなたの「マイスタイル」は何でしょうか。「泣いて、泣いて、人に助けを求める」というスタイルだったかもしれません。「仲良くしよう〜」と友達に声をかけまくるというスタイルだったかもしれません。みんなに「頑張ろうよ」と呼びかけ支え合うことで、困難を乗り越えてきたかもしれません。

アーノルド・ミンデルというアメリカの心理学者は、子どもの頃、困難を乗り越えてき

たその仕方にその人生全体の「マイスタイル」が潜《ひそ》んでいると言っています。それが、その人の**「人生を生きる基本的なスタイル」**になっているというのです。この「マイスタイル」を活かすような生き方をすればよいのです。

私の場合は、「苦しみの中から立ち上がる」。これがマイスタイルですね。

自分自身の人生のスタイルであると同時に、「人が苦しみの中から立ち上がるのをサポートする」ということに関心があるんです。なので、「カウンセラー」という仕事をしているのでしょう。

皆さんの「マイスタイル」は何でしょうか。

幼稚園の頃、小学生の頃、中学生の頃、すごくつらいことがあって、そこから立ち直ってきた経験があると思います。どんなスタイルだったでしょうか。どんなポーズがぴったりくるでしょうか。立ち上がって、そのポーズをとってみましょう。どんな言葉がぴったりくるでしょうか。ノートに5分くらいでお書きになってください。

もし、そのマイスタイルを活かした仕事、職業、趣味、ボランティア、活動、これからできるようなことがあるとしたらそれは何でしょうか。お書きになってください。

❸「ワクワクするもの」をやってみる

人生後半で重要なのは、「ワクワクするものに忠実に生きる」ことです。

先に紹介したミンデルは「フラート」という言葉を使います。「フラート」というのは、この世界で私たちを誘惑してくるもののことを言います。

この世界には私たちの心を誘惑してくるものが、たくさんあります。

たとえば、仏像が好きな人がいるとします。日本中、ひたすら仏像を見て回る。鉄道が好きな人は、鉄道オタクになって、ひたすら鉄道に乗りまくる。郵便ポストが好きという人は、日本中のポストを見て回るのもいいと思います。

「ちょっと変わっているね！」と思われてもいい。何か気持ちが動くものであれば、ワクワクして、心惹《ひ》かれるのであれば、それに忠実に動いてみるのです。これからの人生の後半において、あるいは人生全体において、役に立つような何かが見つかるかもしれません。

あなたが妙に心を惹かれるものは何でしょうか。妙にドキドキしたり、ワクワクしたり、ときめいたり、心惹かれるものには、どんなものがあるでしょうか。ノートに5分くらいでお書きになってください。

それを、仕事やこれからの人生の活動の中に活かすとしたら、どんなことができるでしようか。

❹「なんだか気になるところ」に足を運ぶ

たとえば旅をするとしても、あらかじめ計画した旅しかできないと、自由度が低いですね。あんまり楽しめず、ともすると仕事をしているような気分になるかもしれません。それは自分で立てた計画に、自分で縛られているからです。

あなたに必要なのは、もっと「ふらふら～」と人生の寄り道をすることかもしれません。**「なんだか気になるところ」があったら、足を運んでみる。**旅の途中でも日々の生活でもそうです。ちょっと寄り道したくなったらする。気になるところがあったら、フットワークを軽くしてそこに足を運んでみるのです。

ネットサーフィンをしたり、本屋で立ち読みして回ったりして、気の赴《おもむ》くまま、好奇心の赴くままに動いてみるのもいいでしょう。

「本屋で本を探すことは人生と似ている」と思うことがあります。ちょっとうろついていると、少し気になる本が出てくる。その時は買うつもりはなかった。けれど、少し気になって、本屋から出て数分経《た》った後で戻って、「やっぱりあの本、気になるから」と、買ってみる。

こういうことができるのが、とてもいいですね。

ちょっと気になるから後戻りをする、という心の自由さ。後戻りしたくなったら後戻りをする。寄り道をしたくなったら、寄り道をする。そういう精神の自由さがあるわけです。

あらかじめ決めていた本だけ買って、すぐに本屋を後にする人は、目的合理性に富《と》んだ人であるとも言えます。でも、これならAmazonで注文すればすんでしまいます。

わざわざ本屋へ行くのだとしたら、目的の本だけ買って帰るのは、とてももったいない。大きなチャンスを失っている可能性があります。

なんだか目に飛び込んでくる本とか、妙に気になる本を手に取って、パラパラめくりながら本屋を歩く。これによって人生が突然広がっていくわけです。

常に目的を持って、計画的、合理的に生きていると、人生の幅はどんどん狭くなってしまいます。なんだか妙に気になる、意識に誘いかけてくるというものがあったら、それに従ってみる。

たとえば、レストランに行ったら、イベントのチラシが置いてあった。最初はまったく行くつもりはなかったけれど、なんだか気になってきたから、実際に足を運んでみた。そこで出会った人と交際が始まったり、結婚したりということは、案外よくあるものです。
あるいは、長く続く友人と出会えるかもしれません。
「寄り道が苦手」という人は、人生がどんどん乾いた感じになってしまいます。「寄り道の感覚」がとても重要です。

私のカウンセリングで、こういう方がおられました。

職場にいつも直行直帰していた学校の先生なんですけれど、ある時、ふと気になって脇道を通ってみた。そうしたらお寺があったんですね。お寺の門前に、19時半から禅の講座をやっていることが告知されていた。残業がない日に禅の講座に通ってみたら、それが面白くて、いろいろな講座に足を運ぶようになった。すると、どんどんハマっていって、40代で得度《とくど》してお坊さんになったんです。

「運命の道」は、突然、開かれてきます。「運命の道」は、突然姿を現し、私たちの心を鷲掴《わしづか》みにして、誘ってきます。

それに素直に従うこと。この「素直さ」がとても重要なのです。

❺「こだわりたいこと」には、とことんこだわる

自由というのは、何にもこだわらずに、サラサラ生きることではありません。「自分のこだわりたいことにとことんこだわる」——これは本当の意味でかなり自由なことです。

これを今後の人生に活かすとしたら、どんな仕事や活動に活きるでしょうか。考えてみましょう。

自分がこだわりたいことには——とことんこだわることができる、とことん執着することができる——「とことん執着するという自由」があるわけです。

何事も流すばかりで執着がない人生は、魂の抜けた人生になってしまいます。

「私、何も本気でやっていないんで」「こだわりたいことが何もないんです」——そういう人は、人生後半が「もぬけの殻《から》」のような「空っぽな人生」になってしまいます。

譲れないものには、とことんこだわる。「ここだけは譲れない」と、とことんこだわる。そこには、魂が宿ります。

何かにとことんこだわると、たとえば上司に対しても、「これだけは、どうしても譲れません」となる。上司の言うことだから聞いたほうがいいのはわかっていても、「ちょっと待ってください。ここだけは、どうしても譲ることはできません」となる。上司に逆《さか》ら

っても仕方ないことはわかっているけれども、「どうしてもここだけは譲れない」というものは譲らないのです。

あなたがこれまでの人生で「どうしても譲れない」と思い、相手に逆らってでもこだわったことは何があるでしょうか。

ノートにお書きになってください。その「執着」、「譲れないことへの思い」を仕事や活動に活かすことができるとしたら、どんなふうに活かすことができるでしょうか。

ブレーキをかけずに、やりたいことをとことんやる。アクセルを踏みまくる。時にはそんなことをしないと、人間の心は、どこか乾いてしまいます。

❻心のスイッチを自由に切り替える

人生を豊かに生きるために、「心のスイッチ」を自在に切り替えることができると強いです。

物事をさらさら流す時は、「さらさら流すモード」に、逆に、とことんこだわる時には、「とことんこだわるモード」に心のスイッチを切り替えるのです。

いつも、いろいろなものに神経質になって、こだわってばかりいると、とても不自由になってしまいます。逆に、何でもさらさら流してしまっていると、一見、自由のように見えて、すべてをあきらめた、淡泊《たんぱく》な薄い人生になってしまいます。「魂の濃密な時間」を過ごすことができなくなってしまいます。

自分の内側深くに触《ふ》れることを心理学では「フォーカシング」と言います。これは、アメリカの心理学者である、ユージン・ジェンドリンが創始した方法です。フォーカシングをして内側深くに入っていくモードで時間を過ごす。逆に、さくさく物事を処理していくモードで時間を過ごすこともできる。

「心のスイッチ」を「内側深くに入るモード」に切り替えたり、「さらさら流して生きるモード」に切り替えたりを自在にできると、人生を豊かに生きることにつながります。

❼「迷っていること」があれば、とりあえずイエス！

いい人生を生きている人の会話には、「たまたま、こういうことがあって」という言葉が多いことがわかっています。「プランド・ハップンスタンス・セオリー（計画された偶発性理論）」というキャリア理論があります。クランボルツというカウンセリング心理学の大御所がつくった理論で、「ラック・イズ・ノーアクシデント・セオリー（あなたの幸福は偶然ではないんです理論）」とも言われます。

すごくいい人生を生きている人、大成功を収めたビジネスパーソンの口癖は、英語で言うと、“happen to～”。日本語で言うと、「たまたま◯◯して」です。

いい人生を送れている人は「たまたま、こういうことがあって」「たまたまあの方とご縁があって」という物事の受け取り方をしているんです。

「偶然の感覚」を大事にしているのです。

では、いい人生を送ることができている人は、結局、運がいいだけなのか。そうではありません。実は幸運は誰の人生にも訪れているんですね。

違うのは「出来事に対する態度」なのです。**自分の人生に訪れている運やご縁に対して「心を開いた在《あ》り方」をしている。「オープンマインドの姿勢」**を保持できている。そういう人が幸せな人生を送ることができているのです。人生で運ばれてくる出来事やご縁を、人生に活かすことができているのです。

「回避型の人生スタイル」を身に付けてしまっている人は、いろいろなチャンスが訪れても、「いやあ～僕なんか、まだまだですから」「今回は遠慮しておきます」とチャンスをみすみす見逃します。私はこれを**「謙虚という名の傲慢《ごうまん》さ」**と呼んでいます。

謙虚な振りをして、いろんなチャンスを流してしまう癖がついています。せっかくの出会いやチャンスを疎《おろそ》かにしてしまっているのです。

たとえば、「人生の最後は誰かと迎えたい」と思っている50代の男性がいるとしましょう。そういう人を対象にした中高年向けの婚活イベントがあります。それをバカにせずに、「ちょっと面白いから行ってみようかな」と気軽に行ってみる。案外いい人に巡り合えて、人生後半のパートナーになるかもしれません。出会えなかったらそれはそれ、流せばいいのです。

あるいは、ネットサーフィンをしていて、面白いイベントを目にした。そこに足を運んでみたら、いいご縁の人と出会えたということがあるかもしれません。

本屋の立ち読みで面白いことに気が付いた。ある研究会に足を運んでみたら、新しい仕事の運が巡ってきた。新しい仕事とのご縁が結ばれるということがあるかもしれません。

「ちょっと気になるところ」に気楽に足を運んでみる。オープンマインドで「イエス」と言う。開かれた在り方、生き方をしていくのです。

とりあえず「イエス」と言う。そんな生き方をしていると、いいご縁や運が運ばれてきて、人生が豊かになっていきます。

クランボルツは、このことを「アンディサイディドネス（undecidedness）」と言います。アンディサイディドネス、つまり、決めつけない。心が開かれた在り方が人生を豊かにするのです。

❽「異性の友人」を増やすと寿命が伸びる

一般的には、男性は60、70歳を過ぎると、配偶者がいたほうが長生きできる、逆に、女性のほうは、配偶者がいると寿命が縮まると言われています。

しかし余命や寿命に一番大きく関係するのは、むしろ「異性の友人の数」だという人もいます。「異性の友人の数」が増えると寿命が延びるというのです。

では、「異性の友人」をどうやって見つければいいのか？

❾「昔の友人」に会いに行く

1つの方法は、学校の同窓会に行ってみることです。職場の同窓会でもいい。昔の友人に気楽に会いに行きましょう。すると、そこから異性の友人と親密な関係になっていくこともあるでしょう。年に何回か会うだけでもいい。昔から知り合っていた人であれば深くつながれることが多いものです。もちろん同性の友人と久しぶりに会って、縁がつながり直すのも、人生に新たな展開をもたらしてくれるかもしれません。

⑩「いつかしたいと思っていたこと」を前倒ししていく

いつかしたいと思っていたことを書き出して、どんどん前倒しして行なっていきましょう。

「人生100年時代」と言います。男性の場合、平均寿命が80代前半、健康寿命が70代前半です。「いつかしたい」「そのうちしたい」と思って、先送りにしていたら、どんどん年数が経っています。そのうち、もうすることが面倒くさくなってしまって、**たとえ100歳まで生きたとしても、結局、したいことの大半をやらないまま、死んでしまう**ことになりがちです。

「いつかしたい」「そのうちしたい」と思ったことはどんどん前倒ししてやっていくことが大切です。

「いつかしたい」「そのうちしたい」と思っていることがあったら、今、5分くらいでノートに書いてみましょう。優先順位をつけて前倒しして取り組んでいきましょう。

⓫「はまっている趣味」を仕事にする

たとえば、心理学の講座を受けてみたら楽しかった、人と心を通わせることはこんなに楽しいんだと趣味になっている方がけっこういます。それを「人生後半の仕事」にするというのは、とてもいいことです。

哲学者の阿部次郎が著した『三太郎の日記』という大正時代の人生のバイブルでは、「**魂の生活と一致するものを仕事にすることができたならば、人生の幸福の8割は達成できたようなものだ**」といいます。

ついついはまってしまうようなもの。時間が経つのも忘れてしまうようなこと。それを仕事にするのが幸福の一番早道なんです。

⓬「私には無理」と思うことをあえてやってみる

なぜか芸能関係の仕事が舞い込んできた。「芸能関係の仕事なんて俺とは無縁の仕事だから、「無理、無理」と断るのではなくて、「ちょっと面白そうじゃん」「やってみましょうか」と言って、とりあえずやってみる。

「私にはそんなの、とても無理です。これまでずっと地味な仕事ばかりやってきたから」。

そう思っていた人が、ちょっと表に出てみて、みんなをワッと沸《わ》かせる仕事をやってみる。ユング心理学ではこれを「シャドウ」と言います。「自分のシャドウ（これまで生きてこなかった半面）と出会う」ために、**「ちょっと私では無理」と思うことを、あえてやってみる**ことに意味があるのです。

⑬「人生の苦しい出来事」のメッセージを聴く

　これまでにいろいろな苦しい出来事があなたの人生であったと思います。どんな苦しい出来事があったでしょうか。５つくらい書いてみましょう。

　それが今の自分に何を教えてくれているのか考えてみましょう。

人生のすべての出来事には意味があるといいます。私もそう思います。もしすべての出来事に意味があるならば、私たちに何か気付きや学びをもたらしてくれているのならば、今書いた５つの「苦しい出来事」はいったい何を教えるために私たちの人生に運ばれてきたのでしょうか。

　一つひとつの出来事について、**「その出来事は、何のために自分の人生に運ばれてきたのか」「どんな気付きや学びを与えるために、自分の人生に起きたのか」**考えて、ノートにお書きになってください。

⑭「せっかく○○したんだから……」とネガティブなことを捉え返す

「せっかく、うつになったんだから……ダイエットのチャンスだと思って！」

ある方がこうおっしゃいました。

うつになって、食欲が低下して体重が減少した。よくあることです。うつになると、食欲が低下する。体重が減る。ふつうはこれで気がめいって終わるんですけれども、メタボリックシンドロームと言われていたのが、いつの間にか、こんなに体重が減った。よし！これはダイエットするチャンスだ、と前向きに捉《とら》えて、ダイエットに取り組み9kg減に成功したというのです。

「せっかく○○したんだから」と捉え直してみるべきことはけっこうあります。

せっかくリストラされたんだから、本当にしたかったことを仕事にするチャンス。たとえ収入が減っても、本当にしたかったことに全力で取り組むチャンス。そう考える人もいると思います。

私自身も、幾度《いくど》か死ぬ寸前までいった体験があります。哲学的、実存的な問いに苦しんで、三日三晩、飲まず食わず寝ずで、これで答えが出なかったら死のうと腹をくっていた時がありました。

この体験がなかったら、私はカウンセラーになっていないし、臨床心理学の大学教員にもなっていないと思います。

クライアント（相談者）の方々を見ても、うつ病になった体験、会社をリストラされた体験、第一志望の学校に落ちた体験、不登校になった体験、ひきこもりになった体験、あるいは、死ぬ寸前までいった体験、**そういう体験をしたがゆえに、見えてくることもあるし、誘われていく人生の道もある。そういった体験をしたがゆえに、ある人生の方向へと誘われていくし、ある人生の道へと運ばれていく**のです。

こういった窮地《きゅうち》に追い込まれる体験を通して、それまでの自分が1回死んで、新しい自分に生まれ変わる。死と再生のチャンスなんだと言うこともできます。

その心構えとしては、何かツラいことがあったら、単にツラい、ネガティブな体験として捉えるのではなくて、「せっかく○○したんだから……」ということで、開き直って、そこで見えてくるある道へと誘われていく。ある方向へと運ばれていく。自分を開いていく。

せっかく◯◯したんだから……、そこで見えてくるモノを見ていこう。運ばれていく方向へ運ばれていこう。誘われていく方向へ誘われていこう。そういう人生の構えが、私たちが本当に歩むべき人生の道を歩むことにつながっていくんです。

「せっかく◯◯したんだから……」という考え方を、心のどこかで覚えておいてください。皆さんの人生に、お役に立つ時があるかもしれません。

⑮人生の後半においては、自分の内面性に目を向ける

人生後半では、内面性に目を向ける時間を増やすことが必要になってきます。ユングのもとにカウンセリングに訪れたのも、社会的にも成功していて、経済的にも恵まれているような方が大半だったわけです。

しかし、どうも人生に不全感《ふぜんかん》を覚える。「確かに、そこそこ成功した人生を生きてきた。けれども、**いったい私の人生にどんな意味があったのか**」。人生全体のトータルな意味に、不全感を抱き始めるわけです。人生全体の意味を問い始めるのです。

人生の後半の大きな課題は、内面性に目を向け、人生の意味を問うことであるとユングは言うわけです。

⑯1日5分でも、自分の内面を見つめる時間を持つ

1日5分でもいいから、自分の内面を見つめる時間を持ちましょう。

1日5分でもいい、寝る前でもいいし、朝起きたらすぐにでもいい。夜のほうが得意な方は夜に、朝のほうが得意な方は朝に、**1日5分でいいから、自分自身を見つめる時間を持ちましょう。**あるいは、1週間に2時間、たとえば木曜日の19時から21時まで、近くのカフェへ行ってボーッとして、自分を見つめる時間にする。そう決めたら、外的な刺激を遮断《しゃだん》する。ネットとかテレビとか、ゲームとか読書とかそういった外的な刺激を遮断して、自分の内面を見つめる時間にする。

その時間は、さまざまな「気晴らし」から自分を遠ざけましょう。外的な刺激、「気晴らし」から自分を遠ざけて、静かに内面に意識を向ける時間を持つのです。

「50代・60代に必ず体得したい「生きる構え」

ここまでは、50代60代に、人生後半を豊かにするために「してみるといいこと」「したほうがよいこと」を紹介してきました。

以下の4つは、本書で提案している「3年後に死んでも悔いのない生き方」を体得するために、50代60代の方に「必ず身に付けていただきたい心構え」です。

❶「いつ死んでも悔いがない」ように生きろ——「明日、死すべき者」のように生きる

死は突然訪れます。ヘタすると、明日死ぬかもしれません。決して起こり得ないことではありません。私だって、1年後、3年後には、もしかしたら生きていないかもしれない。

メキシコの言葉で「メメント・モリ（Memento mori）」という言葉があります。「死を忘れるな」という言葉です。メキシコでは、新聞の報道などに、交通事故で死んだ人の遺体をけっこう載せています。「死を忘れないようにする文化」があるわけです。

一方、日本は、「死を隠蔽《いんぺい》する文化」です。特に近年では、新聞に死体が載っているなんてことはまずありません。

アメリカの精神科医でターミナルケア（死の看取《みと》り）の先駆《せんく》者エリザベス・キューブラー=ロスが、死の看取りをした人の中に、こういう人がいたと言います。

海が大好きで、海の近くにわざわざ家を建てて住んでいた人です。この方が死の直前にこう言ったのです。「もう一度、海が見たい」と。「でも、あなた、いつも海を見て過ごし

てきましたよね？」こうキューブラー＝ロスが問うと、「そうじゃないんです」「私は確かに海の近くに住んでいました。けれども、いつでも見られる。海なんかそばにあるから、いつでも見られるという思いでいたために、海をしっかりと見たことがありません」「心を込めて海を見たことが、もう何十年もありません」。だからこそ、死ぬ前になって「もう一度、海を見たい」「今度は心を込めて、しみじみと味わいながら海を見たい」「これが自分の人生でし残した最大のことである」と言うのです。

これは、大きな教訓を与えてくれていると思います。

日々やっているつもりでいても、実は流してしまっているだけで、本当にはやっていないことが随分《ずいぶん》とあるのではないでしょうか。だから、「そのうちしたい」と思うことがあるならば、心を込めて今すぐ、前倒しして、行なったほうがいいのです。「いつかしたい」と思っていることがあるならば、「前倒しして今すぐ、する」ということが大事なのです。

死が突然訪れて、永遠にそれができなくなる可能性は、誰にでもじゅうぶんにあるのです。

たとえ死が訪れないとしても、体力、気力が衰えて、じゅうぶんに行動できなくなることもあります。「いつか世界中を旅したい」と思っていながら、気力・体力が衰えて、結局、ほとんど旅行せずに死んでいく人は多いものです。

❷「死」「無」へと向かっていく自分、「死」「無」へと駆け上っていく自分を日々体感しつつ生きる

「自分はいつ死ぬかわからない」「3年後には死んでいるかもしれない」。このことをありありと実感しながら毎日を過ごしていると、**自分の体が「死」「無」へと向かっていく、「死」「無」へと駆け上っていくこと**が文字通り体感されてきます。ハイデガーが「死への先駆的決意」と言うように、自分は間もなく死に、消えていく存在なのだ、そして、死に向かって日々生きているのだ、ということをありありと体感しながら日々を送ることで、私たちの精神は高まり、本来あるべき姿へと整えられていくのです。

人生後半を生きるうえで最も重要なことは、自分が「死」へと、「無」へと向かいつつあることを、体で、日々体感しながら生きることでしょう。

すると日常的な感覚に意識の変容が生じます。**生と死の間の「境界」が溶けていくこと**を日々の生活の中で実感するようになっていくのです。

生と死の境界がゆるんできて、「生きていても、死んでいても同じ」。何も変わらない。

ただ、今、この「見える世界」でとっている「形」が違うだけということをありありと実感するようになるのです。

自分は本来、形なき「いのちの働き」そのものである。生まれる前も、今も、死んだ後もずっと同じ。何も変わりはしない。たまたまこのほんの一瞬、ほんの数十年、この世で「仮の宿」としてこの肉体という形も同時にとっているだけ。そのことをありありと実感しながら日々を送るようになるのです。

生きていても死んでいても同じ。何も変わらない。この「無境界＝ワンネス（一如《いちにょ》）」の意識は反転して、「この世で生きてあることの奇跡」への喜びともなります。

本来、形なき「いのちの働き」そのものであるそれが、たまたま、この世界では「この私」として「諸富祥彦」という形をとって生きている。これは、本当に奇跡のようなことです。日々、この肉体をまとって、いろいろなものと触れ合って生きている、このことは本当に奇跡なのです。

これに比べたら、超能力のようなものは奇跡でもなんでもない。誤差のようなものにすぎません。

この一瞬、一瞬、まさに奇跡のような瞬間を日々生きている。そういう自覚を持つこと。

だからこそ日々、一瞬、一瞬を心を込めて生きていくのです。

❸「魂のミッション」を生きる——天からのコール(呼び声)とレスポンス

マズローやウィルバーらの「最高人格」についての研究を見ると、ある「共通点」があります。その1つは、「孤独の時間」を享受《きょうじゅ》していること。「孤独の時間」が1日のうちに何もないと、イライラしてくる。1人で自分を見つめる時間は、どうしても必要なのです。

もう1つ、**「最高の人格」の大きな特徴は、「自分の人生に与えられた使命、天命を日々まっとうしているという感覚」**があることです。もう自分についてはあまり関心がない。自分がどうだとか、こうだという意識はあまりない。あるいは、人から認められるとか、認められないとかに関心がない。

こういう段階は超えていて、我《われ》を忘れて、自分の使命、天命に没頭《ぼっとう》している。「見えない世界」からの呼びかけ(コール)を全身に引き受けて、それに「レスポンス」しながら日々を生きている。そうした生活の核となるのが、**「使命・天命」への没頭**です。

真に幸福な人、そうでない人の分かれ目は、日々、我を忘れて没頭できるようなことを見つけているかどうかにかかっています。特に、それを生業《なりわい》として生きている人は、人生の幸福の8割は約束されたようなものです。

仕事にできなかったらボランティアでもいい。自分の使命、天命を持って生きることほど、深いところで私たちの心を満たしてくれるものはないのです。

これに比べたら、成功か、不成功かというのは小さいこと。お金持ちか貧乏かも取るに足りない小さなことです。

成功・不成功とか、経済的に豊かか貧しいかといったことは、人生の「水平次元」のものさしです。この次元においては、私たちはよく他者と自分を比較します。他者と自分を比較して、あちらが上だ、こちらが上だと言います。しかしそれでは、他者との比較における「相対幸福」しか手に入りません。「本当の幸福」「絶対幸福」は手に入らないのです。**「絶対幸福」が手に入るのは、垂直次元での話です。**垂直の次元では、上方が精神的な充《じゅう》足《そく》、下方が精神的な空虚という内面性が問題になります。精神が高みにのぼるとか、魂が深く満たされるとか、そういうことが問題になってくるのです。

垂直次元の充足においては、自分の人生に与えられた天命、魂のミッションに日々没頭できているかどうかが重要になります。

どんな魂も、この世に降りてくる時に、固有のミッションを刻まれてこの世に降りてくる。そしてこの世で一定の期間を過ごしたら、また見えない世界に帰っていく。こんな感覚を持って、日々を生きることです。

人が自分の「魂のミッション」を発見できた時には、**「発見即想起《そくそうき》」の感覚**があります。「私の人生でやるべきことはこれだったんだ」「私がずっと探し求めてきたものはこれだったんだ」と人は自分の使命・天命を発見します。しかし、その人の心の深いところでは、同時にそのことを、**心のどこかでずっと知っていた**、それを今、思い出したという感覚があるのです。「発見即想起」、つまり発見がただちに想起でもあるのです。これが人が自分の「使命・天命」を発見できた時に特有の感覚です。

❹「使命・天命」への取り組みを通して「後の世代」へとつながる

人は自分の「使命・天命」への取り組みを通して、「見えない何か」とコール＆レスポンス（呼びかけと応答）しながら日々の生活を送ります。そしてこのことを通して、共同体や、後の世代ともつながっていくのです。

このことを心理学者のアドラーは、**「共同体感覚《きょうどうたいかんかく》」**という言葉で言っています。「共同体」というのは、今ある共同体ではなくて、自分が所属している共同体の未来、発展とつながっているという感覚。自分が今、所属している共同体の未来、将来と、自分が今していることがつながっているという感覚、100年、200年と続く大きな時間の流れと自分がつながっているという感覚、これが「共同体感覚」です。

これに近いことを、アメリカの心理学者のエリクソンは、**「世代継承性《せだいけいしょうせい》（Generativity）」**と言います。自分がこの世からいなくなっても、自分がしていることは、何かしらの形で引き継がれていくという感覚です。

「死んだらもう終わり」ではない。自分が生きている間にやっていることは、自分がいなくなった後も、なんらかの形で、世代を超えて引き継がれていく。なにも、歴史に名前を残すような何かをする必要はない。地味なことでも、自分がやってきたことは、何らかの形で死後も引き継がれていく。そういう感覚です。それを「世代継承性」とエリクソンは言いました。

こういった「大きな時間の流れ」の中に、自分が今していることが位置付いていること。単に個人としてなすべきことをしているというだけでなく、自分が使命、天命を果たしていることが、同時に、共同体の未来、将来ともつながっている。あるいは、将来世代の発展に、何らかの形でつながっている。この「つながっている」という感覚。**「自分が日々**

やっていることが、１００年、２００年と続く大きな時間の流れとつながっている」という感覚。

この感覚が、**たとえ自分が死にゆく存在だとしても、自分の存在そのものは、決して無意味ではないんだと、心の深いところで自分の存在を肯定《こうてい》できる**ことにつながります。自分が日々やっていることを深いところで肯定できることにつながります。

自分が日々やっていることを深いところで肯定できるためには、自分を超えた大きな時間の流れと、自分が今やっていることとが確かにつながっているという感覚を持つことが重要です。アドラーの「共同体感覚」、エリクソンの「世代継承性」という概念は、このことを教えてくれています。

3章

60歳で「新しい自分」に生まれ直した
産業カウンセラー・青木羊耳さん

人生後半を生きるコツは「時間を忘れて打ち込める何か」を見出すこと

今、私が人生後半をどう生きるかということを考えたときに、一番理想だと思える方の1人が定年後に産業カウンセラーへと転身されて活躍されている青木羊耳《ようじ》さんです。90歳の今も各所で講演し、著作を書き続けています。

私の父は、67歳で死にました。大学院の指導教官は63歳で亡くなりました。職場の隣の研究室の先生も同じ63歳で亡くなりました。青木さんは、私の指導教官や隣の研究室の先生よりもすでに、27年も長く生きていることになります。

青木さんは、Facebookもよく書かれているんですけれど、90歳で実にみずみずしい文章を書かれる。場面がありありと思い浮かぶような描写をなさる。これが90歳の方が書く文章なのかなと思うような文章なんです。

ご本人も「**90歳になって、前よりも深く考えることができるようになった**」と、そうおっしゃっています。

90歳になった青木さんの日課は、お散歩とカフェで原稿を推敲《すいこう》することだそうです。健康のために歩いているのではありません。歩いていると、脳が活性化してきて、いい文章が思い浮かぶんだというんです。そしてカフェで、原稿の推敲をして過ごす。

そんな青木さんに、人生後半を生きるコツをたずねると、一番重要なのは、

「時間を忘れ、食事も忘れて打ち込める何かを見つけておくこと」。

そうすると、健康もお金も自然とついてくる、と言います。

「時間を忘れ、食事も忘れて打ち込める何か」を見つけておくと、自然とそれが仕事にもつながるし、だからお金も入ってくる。そうして活動していることが、精神的な健康にも肉体的な健康にもつながると言うんです。

これは、真理をついていると思いますね。

これは若くても、年を取っても、そうなんじゃないでしょうか。

2章でも取り上げましたが、大正時代に、哲学者の阿部次郎が著した『三太郎の日記』という、若者のバイブルになった本があります。この中でも「魂を打ち込める何か」を見つけて、それを仕事にすることができるならば、人生の幸福の8割は手に入れたようなものだと言われています。

つまり、楽しいこと、ワクワクしながら打ち込めることを仕事にすることが「幸福の一番の秘訣《ひけつ》」だというんです。

これは、本当にそう思います。

では、どうやって時間を忘れ、打ち込めるものを見つけられるのか。青木さんにたずねると次の3つだと言います。

①子どもの頃の興味・関心を探してみる

今、何をやったらいいかわからない人は、小学生や中学生の時になりたかったものを思い出してみましょう。そして、その中で、今の自分に活かせるものを探すのです。

②どんな本や映画に関心があるか

どんな本に惹《ひ》かれたか。どんな映画に惹かれたか。自分が何に関心があるかは、読んでいる本や映画を思い起こすと、わかるかもしれません。

③出たとこ勝負である

これが、3番目のコツ。あまり人生を計画的に決めつけすぎないということです。これをキャリア心理学では「プランド・ハップンスタンス」と言います。プランド・ハップンスタンスというのは、「計画された偶然性」という意味です。プランドは「計画された」、ハップンスタンスは「偶然性」という意味です。

「計画された偶然性」の理論というわけなんです。

では、偶然を計画するというのは、どういうことか。「計画的に偶然を大事にする」ということです。

大まかに言えば、あえて長期的な計画を立てずに「出たとこ勝負」でいくのです。

青木さんはもう90歳なんですけれど、とりあえず明日やることだけメモして寝ると言います。明日になって、朝起きた時に、「今日は何をするんだっけ?」とならないようにしている。

今を大切に生きる。悔いのない時間を少しずつ刻《きざ》んでいくことが、いい人生を生きていくコツだというわけです。

健康とお金の話ばかりの人はダメになる
——50代に真剣に考えるべきこと

青木さんはこういうふうにおっしゃっていました。

65歳以降の人で話題が健康やお金のことばかりの人は、ダメになる。**健康やお金の話題ばかりをしている人が、中身が空虚な人生を生きている人の特徴**であるというわけです。

65歳以降の人生をどう生きるかを考えていない人が多すぎる。できれば、50歳の早い時期から、遅くても55歳から準備を始めることが大事である。それから数年準備をして、60歳になり、65歳になることが重要だというわけです。

青木さんは40代のとき、金融機関に勤《つと》めていた。当時は高度経済成長の真っただ中で、定期預金に貯金をするだけで1年で6%、7%という利率が付いていた。7年とか10年とか、定期預金に置いておくだけでお金が倍になった時代です。

その中で、とにかくお金を集めろ、少しでも集めろというのが、金融機関に勤務されていた青木さんにとってのミッションだった。ひたすら接待漬《づ》けの毎日を送る中で、45歳の

青木さんは、

「これは、何か違うんじゃないか?」

私はこんな人生を送るつもりだったのだろうか、早く抜け出したほうがいいんじゃないかと、疑問を抱き始めた。

今の人生に疑問を持ち始めて、いったい自分は「子どもの頃、何をしたかったのか」を考えた。そして、小学校の先生になりたかったことを思い出した。

しかし、50歳から、小学校の教員は無理だろう。じゃあ、小学校の先生にはなれないけれど、先生みたいなことは今からできないか? それに近い仕事は何かなと考えていると、「講師業ならできる」と思いついたのです。

50歳の時、東京の本店に戻ったのをきっかけに、土曜、日曜に講師業の講座に通い始めました。

デビュー戦は53歳で訪れます。小田原市民会館で、50代の人に向けて「定年後の備え」というテーマで仕事が舞い込んできた。それでやってみたら、実際に来た人は、70代、80代の人ばかり。暇《ひま》つぶしで集まっている。もうとっくに定年を過ぎている人ばかり。そこで、アドリブをきかせて、「良寛《りょうかん》さまは……」と、江戸時代の曹洞宗《そうとうしゅう》の僧侶である良寛の話にしたら食いついてきた。

「予定外のことに即座に対応する能力」、この柔軟《じゅうなん》な姿勢が必要なんだろうと思います。アクシデントに対応できるというのが脳の若さの証しだと思います。

講師業をやっているうちに、講師業も想像以上に競争がきびしいと気付いた。そこで「モデルになる人」を選んでカバン持ちをした。これが人生後半の成功のヒントです。「モデル」を持つことが、人生後半をうまく生きるためのコツなのです。手弁当《てべんとう》でどこにでも出かけていって話を聞いた。

逆に、得てして無駄で終わるのが「資格」です。資格があればいいだろうということで、さまざまな資格を取る方がいます。けれど、往々にして資格を取るだけで終わって、満足して終わってしまいます。

資格はあくまでも入り口。成功のためには「モデル」を選ぶ。モデルをどうやって選ぶかというと、「この人みたいになりたい」と思える人をモデルにする。たんになりたいだけで、なりたくてもなれない人をモデルにしても仕方ない。「この人みたいになりたい」、それから「**この人にならなれるかもしれない**」。**この2つの要素を兼《か》ね備えた人を選んで、その人をモデルにするのが成功のコツ**です。

「モデルになる人」を選んだら、とにかくその人に付いて回る。まずは「マネする」ことです。だんだん話し方もそぶりも似てきます。モノマネでいいんです。モデルになる人を選んでその人をマネることが、仕事を覚えるうえで最良の方法だと思います。すると、いつの間にか実力も上がってくるということです。

青木さんの向上心はここで止まりません。どうやったらいい講師になれるか？　そう考えた青木さんは、それは受講生の気持ちがわかる講師になることだと思った。では、受講生の気持ちがわかるようになるには、どうしたらいいか。そこで青木さんはカウンセリングを学ぼうと思い立ったわけです。なぜかというと、受講生もカウンセラーも、じっと黙って話を聴いているなと。

受講生とカウンセラーを重ねて考えるというのは、なかなかできないことです。

カウンセリングは、悩んでいる人の話を聴く仕事。受講生は、勉強したくてためになる話を聞く。同じ話を聞くのでも全然違うのですから、2つをリンクさせることはできないと考えるのがふつうです。

けれども、話を聞くという点では同じだ。

だから、いい講師になるためにはカウンセリングを勉強すればいいのではないかと思って、カウンセラー養成講座を受講したのです。これが後の大きな転機となります。

　青木さんは思い付いたことをすぐに実行に移す。「素直に実行に移す素直さ」が人生の成功の大きな秘訣だと思います。

　講義もグループ・カウンセリングだと青木さんは言います。予定している内容を話すだけで精いっぱいになってしまう講師が多すぎる。レジュメを読むことにあけくれたり、パワーポイントの説明にあけくれたり。これではつくってきたレジュメやパワーポイントに縛《しば》られる。パソコンの画面だけを見ている医者と変わらない。講座は、受講者中心で、受講者の理解と納得のスピードに合わせて、ゆったりと進めばいい。講師というのは、やり取りが大事なんだということです。

　特に「前振り」が大事なんだと青木さんは言います。

「青木でございます」と言った後に、何を言うかはあらかじめ準備はせず、受講生の顔を見てはじめて決める。同じ会社でも、その都度、どんな人がいるか、どんな人と目が合うかによって前振りの話はアドリブで変えていく。ベテランの女性社員が集まっている研修会では、それに気付いた瞬間に、宝塚の話をし始めた。これで、つかみはOKです。

　講師の仕事を重ねているうちに、よい講義は次のようなものだと思い立った。①ラポール。受講生との気持ちのつながりが大事。②声の張りが大事。③語りかけるように話すことが大事。④話と話のあいだの間が取れることが大事。⑤顔の表情が大事。⑥目配りが大事。⑦体の動きが大事。体を動かして、こぶしを握《にぎ》ったり、手のひらを相手に向けたりする。表情、笑顔も大事。⑧「え〜と」「あの〜」はNG。

講師をしていると、「著書は何かありませんか?」と主催《しゆさい》者の方に聞かれることがあった。これをきっかけに、出版社の出版相談会に行ったそうです。やっぱりフットワークがいいです。フットワークの良さが、人生を好転させるポイントです。

そして、72歳でデビュー作を出した。その後、90歳の今までに25冊の単書を書いておられます。

60歳で新しい自分に生まれ直す

60歳で「新しい自分」に生まれ直すことにした青木さんは、60歳の誕生日に名前を変えました。本名から「羊耳」と名前を変えた。「新しい自分に生まれ直す」という決意をしたわけです。

「60歳からが私の人生の本番でした」と青木さんは、言います。

「新しいもの」を食わず嫌いで避けないことも人生が好転する秘訣です。

ある日のFacebookにはこう書いていました。


JAICO（日本カウンセラー協会）神奈川支部でリモート研修の手ほどきを受けた。

リモート会議に参加したことはあったが、講師として、リモートのホストとして連続講座をおこなったことはまだない。

手ほどきを受けて思うことは、リモート研修はコロナ禍《か》が終わるまでの一過性のものではない。グーテンベルグの印刷機の発見や、産業革命による資本と経営の分離ほどに、革命的なものと感じた。

リモート研修によって、受講者は距離・交通費の制約から解放され、日本中どこの講師の講座でも受講できるようになる。その一方で、講師の力量は県や地方区の垣根を越えて全国区で評価されるから、講師にとっては試練の時を迎えることになる。その結果、講師の力量の平均レベルが上がるとすれば、素晴らしい革命だ。

対面研修に比べて、リモート研修のもどかしさはあっても、総体として「リモート研修」という革命的な方法が出現したことによって、プラスマイナスして、結果はプラスのほうが大きいとも考えられる。毛嫌いしていると、時流からも、カウンセリング・講師業界からも、仲間からも「取り残されて」しまうかもしれない。

90歳の方が書いた文章です。

90歳にして、時流《じりゅう》から「乗り遅れない」ようにされているんです。脳が若い証拠だと思います。自分はまだ現役だという意識なんですね。

青木さんは「もう」と「どうせ」の2つの言葉を禁句にしています。

これもある日のFacebookの文章です。

高齢者の多くが二言目には「もう」「どうせ」を連発する。「もう○歳だから」「どうせ死ぬんだから」と言って、自分で自分をディスカウントする。

健康段階と介護段階の中間にフレイル段階がある。血圧が高い、足腰が痛い、動作が鈍くなったなど、フレイルを理由に、消極的でマイナス思考を表明する（フレイルというのは、高齢者が身体が脆弱《ぜいじゃく》になっていることです）。筋力が衰えて、立てなくなったりすることです。

高齢者よ、ちょっと待った。早まってはいけない。

WHOの健康の定義に倣えば、フレイルにも3つある。フィジカルフレイル、メンタルフレイル、ソーシャルフレイルだ。

この3つのうち、努力しても、なかなか思い通りにならないのはフィジカルフレイルだけだ。本人の努力次第では、メンタルフレイルとソーシャルフレイルは、ひきつづきウェルビーイング（well being）状態をキープし、フレイル段階に進行させないですむ。

高齢になればフィジカルフレイルは当たり前だと思おう。血圧が高くなったのも、足腰が痛くなったのも、動作が鈍くなったのも、高齢になれば当たり前と思えば、メンタルをフレイルしなくてすむ。ソーシャル（人間関係）がそれをカバーしてくれる。

90歳の女性がとてもイキイキ活躍している姿は時々目にしますが、90歳の男性でこれほど活躍している方はなかなかいません。

「90歳まで生きてきてよかったことは何ですか」とたずねると、**60歳の時よりも「はるかに、深くものを考えられるようになった。だから、こうやっていい文章が書けるようになった」**とおっしゃいます。これは凄《すご》いことです。今58歳の私には、よい目標になります。

「代表作は何ですか？」と聞いたら、「次に書く本です」とおっしゃる。

90歳で、まだまだ書く気でおられるんです。

タイマーで、「原稿は90分」「日記は30分」「風呂に30分」と時間配分をしている。

無理はしないようにしている。もっと書きたいことがあっても、もう寝るようにしている。忘れないようにするために、見出しだけ書いて忘れないようにしておく。

こんなふうにおっしゃっていました。

お話をうかがって改めて、青木羊耳さんは私たち中高年のよき「人生のモデル」だと思いました。

90歳になって60歳の時よりも、いい文章が書けるようになっている。60歳の時よりも深くものを考えることができるようになっている。全国で講演活動を続け、人間関係を楽しんでいる。

本当に理想的な「人生後半」の生き方です。

そしてその核となるのは、青木さんの言う「寝るのも食べるのも忘れて打ち込むことのできる何か」と出合い、それを天職として生きることなのです。

4章

偉大な心理学者たちに見る人生後半を生きるヒント

この章では、何人かの偉大な心理学者たちの理論をもとに、「人生後半を生きるヒント」を探していきます。まずは精神分析の創始者フロイトからです。

フロイトから学ぶヒント
「断念の術」を心得ることが人生後半の秘訣

中高年は「大切な何か」を失っていく

中高年にとってカウンセリングは大きな意味を持っています。中高年になると、いろいろなものを「失っていく」からです。

まずは体力が衰《おとろ》える。視力も衰える。歯も弱くなる。体力もなくなる。夜、熟睡できなくなる。記憶が低下する。健康が失われていく。

自分の人生の残り時間が失われていく。

自分にとって「大切な何か」を次々と失っていきます。

これを「**対象喪失**《そうしつ》」といいます。

「大切な何か」は健康であったり、お金であったり、「大切な人」であったりします。

自分がずっとしていた「仕事」とか「夢」とか「願望」とか、「絶対にこれは成《な》し遂《と》げる」

と思っていて、あきらめがつかない「何か」かもしれません。

会社員であれば、「自分の社会的立場」や「役職」を失う。役職定年がまずあって、そして本当の定年が来る。これは、会社人間にとっては大きな喪失感です。

しかし、さまざまな「対象喪失」の中でも、何といっても大きいのは「自分にとって大切な人」を失うことです。たとえば配偶者です。死別もあれば離別の場合もあるでしょう。

後者の場合、熟年離婚を突き付けられることもあります。65歳の定年と同時に熟年離婚を突き付けられることもあるでしょう。これは相当に大きな心のダメージになります。

精神分析ではこの「対象喪失」を最も重要な概念の1つに位置付けます。自分にとって「大切な何か」を失ったら当然、大きなショックを受けます。この「失い方」が、その後の人生や人格に大きな影響を与えるのです。

フロイトは言います。

「断念の術《すべ》さえ心得れば、人生もけっこう楽しい」

これはとりわけ、中高年の生き方の極意《ごくい》を示していると思います。

「大切な何か」をあきらめる。

断念する。

その「断念した自分」を受け入れる。これは、中高年のカウンセリングで大きな役割を占《し》めます。

心から断念することができれば、そして断念した自分を受け入れることができれば、人生は何とかなるものです。これは中高年にとっては、とても大きな課題です。

近親者の死といかに向き合っていくか

特に大切な人との死別は大きな心のダメージになります。

フロイトは41～42歳の時に父親を亡くして、大きなショックを受けます。この心の「喪《も》の作業」は「モーニング（mourning）」、「喪のプロセス」と言います。これをフロイトは、2年くらいかけて行なっていった。

精神分析では、回想の中で死んだ人との関係について扱っていきます。回想や、空想の中で、その人のことを「対象」と呼ぶのですが、「対象関係」を扱っていきます。つまり「心の中での他者との関係」を理解していく。これが精神分析の本質です。

その際、近親者の死が、大きな課題になります。この死別による喪失を「ビリーブメント（bereavement）」と言います。妻が夫を亡くしたり、夫が妻を亡くしたり、子どもが親を失ったり、親が子どもを失ったりと、さまざまなケースがあります。

夫、妻、どちらが先に死んだ場合でも、残されたほうがその後1年間に死ぬ死亡率は、夫婦が共に健在《けんざい》な場合に比べて2倍くらいになるといいます。

また一般に夫が先に死んだ場合、妻が抑《よく》うつ状態になるのは1年くらい。妻が先に死んだ場合は夫がうつ状態になるのは5年くらいというふうにいわれています。

夫が先に死んだ場合、妻の余命《よめい》は長くなります。逆に、妻が先に死んだ場合、夫の余命は5年ほど縮《ちぢ》まると言われています。

なぜ、こんなに差があるのか。夫の妻への依存の割合が高いからです。

多くの場合、65歳を過ぎたあたりから、夫にとっては妻だけが大きな心の支えになっていく。だからこそ妻のほうが先に死ぬと、夫はガタッとくる。ガタッときて、何に対しても、興味も持てなくなり、好奇心もなくなる。欲望もなくなるのです。

とりわけ死因の中では、心臓病が一番多い。なぜかというと、妻が先に亡くなると、酒やたばこの量が増えたり、甘い物を食べ過ぎたりなど、アディクション（依存性）の状態になりやすいからです。それが血液の凝固《ぎょうこ》性を高めて、心筋梗塞《しんきんこうそく》が起きやすくなる。まさにブロークン・ハートです。

がんになった場合も同様で、がんになったら、最初の2か月はガタガタッとくる。ガタガタッと心が壊れて急性のうつ状態になっていく。これも対象喪失です。自分の命はもう長くないんだ。そういう対象喪失状態に陥《おちい》っていきます。

「対象喪失」というのはこのように、命を失う、健康を失う、妻を失う、大事な人を失う、といったように「大事な何かを失うという体験」そのものです。中高年の人生の中核《ちゅうかく》的な出来事です。この時、しっかりと悲しむことができるのが、「心の能力」の証しであり、またその後の人生に大きな影響をもたらすのです。

悲しんで、悲しんで、悲しみ尽くすと、生命の力が湧いてくる

対象喪失できる人、そういう反応を示すことができる人は、心の水準が高い人です。うつ病になれる人のほうが、うつ病になれない人よりも、心の水準は高いところにあることが多いです。

精神分析はもともとフロイトが、自分の父親が死んだ時にそのことを悲しんで悲しみ尽くした体験をきっかけに考えられたという歴史的な経緯があります。このように**精神分析**

では「**断念するということ**」「**あきらめるということ**」が大きな「目標」になるのです。あきらめるとは、もともと「明らかに見る」という意味です。あきらめる。断念する。これを体得することが精神分析の大きな目標になっている。だから「**断念の術さえ心得れば、人生もけっこう楽しい**」というわけです。

フロイトは言います。

「喪の悲しみはそれがどれだけ痛ましいものであっても、自《おの》ずと尽《つ》きてしまう。失われたものを何もかもあきらめた暁《あかつき》には、悲しみそれ自体も尽きはててしまう。そうなれば私たちのリビードも再び自由になり、私たちがなお若々しく生命の活力を持っている限り、できるだけ同じくらい貴重なもの、あるいは、より貴重なものによって失われた対象を代替《だいたい》することができる」（本間直樹訳「無常」村田純一責任編集『フロイト全集14』岩波書店332-333ページ）

つまり、悲しみそれ自体が尽き果ててしまうくらいに悲しみ尽くすこと。そうしたら、その後に、なお若々しく生命の活力が戻ってくる。あるいは、同じくらい大事なものがまた見つかるとフロイトは言うのです。

人生は、自力ではどうしようもない出来事の連続です。人生の根本的な苦しみは、仏教では「生老病死《しょうろうびょうし》」といいますが、フロイトは「体の衰え」「自然も含めた外界」「他者との関係」の3つを重要視し、中でもとりわけ「他者との関係」が大きいと言います。では、どうすればいいか。

フロイトは、悲しみそれ自体も尽き果ててしまうほどに失われたものを何もかもあきらめることが大切だといいます。「悲しみ抜く」ということが、大事なのです。

失ったものを悲しんで、悲しんで、悲しみ尽くせ。涙も枯《か》れ果てるほどに。

そう言うのです。

フロイトの精神分析が「断念の心理学」と呼ばれる所以《ゆえん》ですね。

ここには、人生の重要な真実が記されていると私は思います。

何かを心から断念し、あきらめることで、はじめて私たちの心は解放され、自由になれます。何かを失ったときに、泣いて、泣いて、泣き尽くす。悲しんで、悲しんで、悲しみ尽くす。そうして大切な何かを断念するという心の術、「断念の術」を体得する。これが中高年にとっては、とても大きなことなのだというのです。

変にポジティブ・シンキングをして、「大丈夫だ。私は何も失っていない。まだイケる。

大丈夫だ。私はまだ若い」と考えるのは、ただのごまかし。心が未成熟な証しです。

この「断念の術」を中高年が心得れば、人生もそれほど悪くないというのがフロイトの考えです。

ユングから学ぶヒント
「それまで生きてこなかった心の半面（影）」を生きる

普遍的無意識とは

「中年期の危機」という問題を考えるにあたっては、ユング心理学が極めて大きな意味を持ちます。45歳くらいから、人生の大きな転換点を迎えて、人生が大きく変わっていく。人生の後半に入っていく。人生の後半の課題に取り組む必要が出てくるというのが、ユング心理学の考え方です。

ユング心理学の重要な概念の1つが「普遍的無意識」というものです。

無意識には「個人的無意識」と「普遍的無意識」があります。

個人的無意識というのは、たとえば、実の父親から性的な被害を受けたといったような耐《た》えがたい体験、トラウマチックな出来事があった。そういった出来事があると、それがあったことを認めるのは大変つらい。それをないことにしてしまいたい。この、ないことにする心の働きを「抑圧《よくあつ》」と言います。自分が意識して記憶しておくことはとてもつらくて苦しいので、それをないことにする。無意識の奥に抑圧して、思い出さなくてもよいようにする。そうすることによって、日々の生活を送れるように、自分を守るわけです。

こうして抑圧して、ないことにされた体験が「個人的無意識」です。

これに対して、ユングは「普遍的無意識」というものを考えました。統合失調症《とうごうしっちょうしょう》の幻覚や、妄想の研究をするうちに、人間の心には個人的な無意識にとどまらないもっと基底《きてい》的な層、もっと深い層があると考えるようになりました。普遍的な無意識は、個人を超えて、民族や人類全体、いや動物にもあり得る普遍的なものです。

普遍的な無意識は、個人の抑圧によって成り立つものではなくて、個人を超えた民族、人類全体、あるいは動物にとっても存在するような無意識です。

「自己の実現」——人生の究極目標

「普遍的無意識」の考えをもとに、ユングは「自己」という考えにたどり着きました。ユングは意識の中心を「自我」と呼び、一方、意識と無意識を含む「こころ全体」のことを

「自己（ゼルプスト）」と呼びました。意識の中心である自我の働きによって、人は安定した1個の人格として生活することができる。しかし、自我のこの安定は、時として崩れます。自らを超えて、より統合的な方向へ、より高次の全体性へと向かって変容していくことがあるのです。自我の背後にあって、大きく自我を動かしていく「働き」そのものが「自己」なのです。

ユング心理学によると、ユング心理学のカウンセリングの「究極目標」、ひいては**人間の生きる「究極目標」は、「自己の実現」**であるといいます。「自我の実現」ではなくて、「自己の実現」が、人間の生きる究極目標です。

50歳以降になると、この究極目標である「自己の実現」に取り組むようになるという、ユングの考えが出てくるわけです。自己の実現というのは、一人ひとり異なる実現の仕方をしますので、「個性化」とも言います。

「個性化」という仕方で、人間は自分の全体性を実現していくんだという考え方です。

ユングは自伝の冒頭で「私の人生は、無意識の自己実現の物語である」と言っています。無意識が自らを実現していく。その物語が人生なんだと言っているわけですね。

ここで重要なのは、人間が自己を実現していくのではなく、無意識が人間を通して自らを実現していくという、そういう考え方をしているところです。

よく自己実現というと、女性が家庭におさまるのではなく、バリバリと社会的に活躍《かつやく》して認められていくことをそう言ったりしますが、ユングは、そのような意味では「自己実現」という言葉を使っていません。「自己の実現」とは、そのような社会的有用性とは無《む》縁《えん》の考えです。

ユングが**自己の実現**であるということを言う時には、**無意識が人間を通して、個人を通して、無意識が自ら実現する**。それを自己実現というのです。ユングを理解する時に押さえておいてほしいことです。

いわゆる世間的な意味での自己実現とはだいぶ違います。

心理学におけるさまざまな「自己実現」論

「自己実現」については、多くの著名な心理学者が使っていますが、それぞれまったく意味が異なるので注意が必要です。

カウンセリングで著名なカール・ロジャーズが、自己概念や自己構造という言葉で言っているのは、自分を縛《しば》るもの、人間の成長や変化の妨《さまた》げになるものです。

「私はこうだし」「私はこうなんだけど」「私はこうだから」と自分自身にこだわってしまって、人間が自由に生きるのを妨げてしまう。心を固定化させる働きのことを「自己概念」という言葉で言い表しています。

むしろ自己概念から離れる、自己概念がゆるんでいく、固定化された思い込みや囚《とら》われから自由になっていって、内臓感覚的な体験、自分の体の内側で感じられる実感にしたがって自由に生きるようになることが、「自己実現」なのです。

マズローの言う「自己実現」は、承認欲求や自尊欲求からの解放がキーポイントになります。欠乏欲求から解放されて存在欲求で生きている状態を、自己実現と言うわけです。

承認欲求、「人から認められたい」という気持ちから解放されて、あるいは、プライドにこだわる気持ちから解放されて、日々の瞬間瞬間を味わいつつ喜びをもって生きる、存在欲求で生きていくようになる。これがマズローの言う自己実現です。日々が新鮮で、自分が成長できていること自体を喜ぶ状態です。

「自己＝心の全体性」を生きる

ロジャーズやマズローの言う自己実現は、このように①「自分へのこだわり」や「人から認められることへのこだわり」から解放されて自由になり、②瞬間瞬間をじゅうぶんに体験して生きる、というニュアンスが強い。一方、ユングの自己実現は「自己」という「心の全体性」を生きる、というニュアンスが強い。かなり違うんです。１９３４年に「今日の心理療法の在《あ》り方」という論文で、ユングは、心理療法というのは「受苦《じゅく》する個人の全体性」に向き合うものだと説きました。

ユングの心理療法家・田中康裕《やすひろ》さんが言うように、

「ユング派のカウンセリングが目指すのは、『個性化の過程』の途上にある個人の心理的変容を生涯にわたって促進する一つの手段」（田中康裕『心理療法の未来』創元社）

なのです。

つまり、ユング派のカウンセリングでは、ある問題が解決したから終わりというものではありません。ある症状がなくなったから終わるというものでもありません。

ユングにとっての**「心理療法」**とは、病者の治療にだけ関わるものではない。それは、**健常者のための、より高度な人格発達の手段**なのです。

50歳くらいの心の健康な人が、より高度に、「自分自身の人格を完成させていく手段」が心理学であり、カウンセリングなんだとユング心理学では考えるのです。

これは、とりわけ人生後半の課題ですね。ユングは、青年期から成人期は、いわば「太陽が昇っていく時期」であって、「人生の午前から昼」にあたると考えた。この時期の課題は、学業に打ち込み、仕事をし、家族をつくることです。

しかし中年期、今でいうと45〜50歳くらいに、個人の中に深刻《しんこく》な変容が必ず起こる。これがまさに人生の転換期となる。「心の転換期」が起こるわけです。

「心」というのは、私たちに、その全体性を生きるように求めてくる。そのため、**人生の前半で無視してきた課題が、中年期に姿を現します。**

たとえば、それまで努力家の人生を生きてきた人が、「このまま人生が終わっていいのか」と思い始めて、急に危険な恋に陥るとか、急に危険な賭《か》け事にはまるようになる。人生が大きく変わっていって転落していく。そんな大きな変容を経験する時期です。

これを「中年期の危機」というわけです。

あるいは逆に、すごく遊びまくっていた人がとても落ち着いて日々まじめに暮らすようになっていくこともある。**これまで生きていなかった「心の半面（「影」＝シャドウ）」を生きて、心の全体性を実現するようになる**のです。

この時期に、心を病《や》む人もいます。しかしこの病は「自己」を実現するための病であり、

「無意識からの警告」だとユング心理学では考えます。病にも「意味」があり、「目的」があるのです。

「自己の全体を生きる」という観点からするならば、これらのすべては、それまで生きていなかった心の半面（「影」＝シャドウ）を生きるために起きてくるものなのです。

ユングは、中高年はこうした内面的な葛藤《かっとう》や苦しみを経験することを通して、その精神は「下降しながらの上昇」を達成していくのだと考えました。

「まだ生きられていない心の半面」に光を当てて、その半面を生きることで、自己の全体を実現させていくということが、人生後半の課題であるわけです。

これが、「人生の午後」の課題である。**「人生の自然な終点は、老いではなくて叡智《えいち》である」**とユングは言うのです。

フランクルから学ぶヒント
人は常に「人生から問いかけられ、挑発されている」

『夜と霧』で著名なユダヤ人の精神科医ヴィクトール・フランクルはこう言います。

人生は、常に私たちに問いかけ、呼びかけを発してきている。挑発してきている。そして、その問いかけ、呼びかけを受け止めることで、私たちの魂はメラメラと炎のように燃えてきて、本来あるべき姿に立ち戻ることができる。

人間が「本来あるべき在り方」に戻ることができるのは、人生に潜んでいる「本当の人生」からの問いかけ、呼びかけを感受してそれに応えようとする時である。そうやって、メラメラと精神の炎が燃え立つ時、人の心は本来あるべき姿に戻ることができる。そう言うわけです。

フランクルは、**「どんな時も人生には、意味がある」**と言います。「意味がある」というのは、ふつうに私たちが「これには、意味があるよね」とか「私はこんなふうに意味付けしています」というふうな、主観的な意味付けとは違います。

フランクルの言う「意味」とは、主観的な意味付けのことではない。そうではなくて、主観（私）を超えたところ、超主観から、常に呼びかけ（コール）が発せられてきている。常にチャレンジされている。「私を見つけてみよ」「そして、生きてみよ」。そういう問いかけ、呼びかけが、常に発せられてきているというのです。

この「人生からの呼びかけの声（コール）」を全力で受け止める。そしてそれに全力で応答（レスポンス）する。これが私たちが本来あるべき在り方、生き方に至るために一番

必要なことだと言うんです。

どんな時も、人生には意味がある。すべての出来事には、意味がある。すべての悩みや苦しみには意味がある。

私はよく夜歩きながら、夜空を見上げます。夜空をボーッと見上げていると、なんだか空の向こうから、見えない向こうから、何か「呼び声」を感じることはありませんか？「私を見つけるんだ、そして私を生きるんだ」。そんな人生からの「呼び声」を感じることはないでしょうか？

私は感じます。そして、その**呼び声**を感じていると、シャキンとする。**本来あるべき姿に自分の精神が整っていく**のがわかります。**自分の精神が整って、メラメラと魂が燃え上がっていく**のを感じるんです。

「**よ〜し、生きてやろう**」「**どう思われても構わない。人からどう思われても構わない**」「**自分なんか、どうなっても構わない**」「**砕**《くだ》**け散っても構わない**」「**よ〜し、やってやろうじゃないか**」。**自分の魂が炎になって、メラメラ、メラメラと、燃え立っていく**のを感じるのです。

あなたにも感じてほしい。

見えない向こうからあなたに、呼びかけの声が発されてきているのです。それを無心に聞くのです。

聞こえますか？

その声を聴くことが、人生後半の「本当の人生」のスタートの一歩になります。

フランクルは、このことを教えてくれているんですね。

私はフランクルの本を読むと、精神がシャキンと整っていきます。精神が整って、「よ～し、生きるぞ」「朽《く》ち果てるまで、本当の人生を生きるんだ」。精神からメラメラと炎が燃え立ってくるのを感じるんです。

NHKの早朝5時頃にやっているラジオの番組に出た時、あるホームレスの方からハガキが届きました。それにはこう書いてありました。

「私は死のうと思っていました。けれど朝ラジオを聞いていて、先生のフランクルについての話を聞きました。**もう一度生きてみようと思いました。**ありがとうございます」

おそらくこの方も、私のフランクルについての話を聞いた時に、「よし、もう1回生きてみようじゃないか」と、メラメラと燃え立つものを感じたのではないでしょうか。

アドラー（共同体感覚）、エリクソン（世代継承性）から学ぶヒント
「私を超えるもの」とつながる

50歳を過ぎたら体力も気力も衰えていくことが多い。すると、だんだんできることも減っていきます。「ああ、こんなにどんどん気力、体力も衰えてくる私に、何か存在意味があるのか？」。こう思った時に役に立つのが、個を超えた視点を持った心理学です。

代表的なものの1つにアドラー心理学があります。アドラーの「**共同体感覚**《きょうどうたいかんかく》」は、自分が今所属している現存《げんそん》の組織のことではありません。その「未来」を含んでいます。たとえば私でいうと、日本のカウンセリングの世界の未来に、自分という存在は何か意味がある存在でありたい。何かいい影響を及ぼしたい。

またそのことを通して、日本の未来に、あるいは世界の未来に少しでもいいのでいい影響を与えておきたい。これが「共同体感覚」です。

そういう感覚、**自分の存在が自分を超えた何かの未来にとって、何かしらの意味を持つであろうという感覚、この感覚を持つことが、深く自己を肯定しながら人生後半を生きるためには、とりわけ重要**であると、アドラーは考えたわけなんです。

先ほど紹介したフランクルは、**人間は「人生からの問い」に応えることで精神は高みに引き上げられていく**と考えました。人間は、人生から問いかけられている。この人生からの問いかけに応えて、使命感を持って何かに取り組んだ時に、私たちの精神は高まっていくと考えたのです。フランクルは「高層心理学」、人間の精神が高みに昇っていく心理学を説いたのです。

エリクソンは「**世代継承性**《せだいけいしょうせい》」、「ジェネラティビティ(Generativity)」という考えを提唱《ていしょう》しました。「世代継承性」という概念は、「私」という存在は滅んでも、「私を超えた世代」、私を超えて生きる未来の日本人、未来の人類にとって、私は何か意味のあることができるだろうかと考える視点を提供してくれます。

自分がやっている仕事、たとえば私の場合であれば、本を書いたりカウンセリングをしたり、ワークショップをしている。そのことを通して、私たちの世代の後を継いでくれる人たちにとって何かしら意味のあることをしておきたい。これを「世代継承性」と言います。**後の世代にとって何らかの意味を成すことができていると感じた時に、私たちの心は大きな生きがいで満たされる**のです。

「私を超えた大いなる何か」と私はつながっている。とりわけその未来と私の存在はつながっている。こうい う感覚――長い時間の流れの中で自分を捉《とら》え直す感覚――を持つことができる時に、私という存在は確かに意味があるのだという感覚を感じることができます。深く自己を肯定して生きていくことができるのです。

50代、60代、70代、年を取って体力も衰え、気力も衰えてきます。その中で、自分の存在が何かしら「未来」とつながっている。**私という肉体が消えても、私が成したことは、何らかの形で後につながっていくんだという、そういう実感を持つことができる時に、私たちは深く自分を肯定することができる**のだと思います。

人間性心理学から学ぶヒント
「いつ死んでも悔いが残らない最高の生き方」を体得する

人間性心理学を学ぶと得られる3つのこと

いつ死んでも悔いがないように生きるために私たちに何ができるのか。それは「最高の生き方」を体得しつつ日々を生きることだろうと思います。「今、私は最高の意識の状態にある」――そう感じつつ死ぬことができたら、それは最高の死に方の1つだと思うのです。**そして自らを「最高人格」「最高の意識状態」に高めて日々を生きるのに役に立つの**

が**人間性心理学**です。

人間性心理学には、アブラハム・マズロー、カール・ロジャーズ、ユージン・ジェンドリン、ヴィクトール・フランクル、ロロ・メイ、フレデリック・パールズらが関わっています。

人間性心理学を学ぶと、どんなにいいことがあるのか。

❶「不動の自分軸」が得られる

1つ目は、「自分軸」が確立する。承認欲求や自尊欲求に振り回されない生き方を身に付けることができる。ゲシュタルト療法のパールズが提唱した「ゲシュタルトの祈り」が端的にそれを示しています。

「ゲシュタルトの祈り」

私は私のことをして、あなたはあなたのことをする。
私はあなたの期待に応えるために、この世に生まれたのではない。
あなたは私の期待に応えるために、この世に生まれたのではない。

あなたはあなた、私は私。
私には私の人生がある。
あなたにはあなたの人生がある。
もし2人、心が通い合うことがあれば、それはそれで素晴らしいこと。
けれどももし、わかり合えないままであっても、それはそれで致し方のないこと。

この詩ですね。

「自分軸」が確立されないと、常に「ほかの人は私のことをどう思っているのかな?」「ヘンなふうに思われていないかな?」とキョロキョロ、オドオドしたまま、一生を送ることになります。嫌ですよね。

必要なのは、「自分軸」を確立することです。しかも人間性心理学で確立する自分軸は、認知レベルのものではありません。価値観レベルのものでもありません。「身体レベルの自分軸」です。「存在レベルの自分軸」です。**天と地と自分自身の中心がピンと1本の軸で貫かれているような、そんな自分軸**です。なので、動じません。周りからどう見られるか気にしない。人からどう思われるか。そんなの関係ない。

「気にしない、気にしない」と力むのではないのです。**身体レベル、自己感覚の深いレベルで、しっかり自分軸が確立されていると、周囲の視線が本当に気にならない。「気にしない」ようにしなくても、そもそもあんまり気にならない。**

「人から認められたい」「自分のプライドを傷付けられたらどうしよう？」「僕のプライドをちゃんとリスペクトしてくれるかな？」……。傷付きやすい現代人がたくさんいます。これは、本当の意味での〝不動の自分軸〟が確立されていないのです。

一見、強そうに見えて、プライドがすごく高そうに見える。でも、ちょっとディスられたりすると、すごく傷付く。そんな人がいます。これは、「不動の自分軸」が確立されていないのです。

この「深く根ざした不動の自分軸の確立」。これが、人間性心理学で得ることができるものの1つです。

❷自分を「深く」生きられるようになる

「自分を深く生きる」ことができます。自分の「内側の深いところ」とつながることができる。自分の「内側の深いところ」とつながって、そこに下りて、そこにしっかりとどまる。内側の深いところにしっかりとどまって、そこで、そこを場所として、深くものを考えることができるようになる。自分の生き方を定めることができるようになる。

自分の内側で、「最近私、何かちょっと違うかなあ」と違和感を持ったら、それに従って、生き方を微修正することができる。「ちょっと違うかな？」と違和感を抱いたら、違う方向に修正することができる。

「私は、内側の深いところでは本当はどう思っているのかな？」。**「内側の深いところ」はどう思っているのか。「内側の深いところ」は、どう生きたがっているのか。それがわかれば、生き方が自ずと《おの》ビシッと定まってきます。**「私が本当にしたかったことはコレだ」と心の底から納得するものを見つけることができる。結果、より深く、自分自身を生きることができるのです。

❸精神の「高み」に達する。「存在欲求」で生きる

人間性心理学で得られること、できるものの3つ目は、精神の「高み」を目指すことです。**絶えず自らを超えていく「自己超越性《じこちょうえつせい》」に人間の本性があるとフランクルは言っています。**人間の精神は常に、自らを超えて、高く上昇していく。それが人間精神の本来の

在り方だと言うのです。

マズローは、自己超越的な在り方をしている人は1％だと言います。**「精神性の上位1％の人間」は、その他の99％の人間と違って、欠乏《けつぼう》欲求に振り回されていません。**欠乏欲求というのは、絶えず何か足りないと「心の穴」を埋《う》めるような欲求です。たとえば、承認や自尊の欲求が満たされていない人は、「もっと認められたいんだけど、認められるかな？」「頑張ったら、認めてもらえるかな？」と常に振り回され続けます。

「1％の人間」は、こういうふうに振り回される生き方から脱却《だつきゃく》して、「存在欲求」で生きています。「Being」の欲求です。「存在欲求」「Being」の欲求というのは、ただこの瞬間、瞬間を経験することを大切にしたいという欲求です。朝、1杯のコーヒーを飲む。1杯のコーヒーの中に、世界のすべての美が凝縮《ぎょうしゅく》されている。1枚のトーストを食べる。1枚のトーストの味わいの中に、世界全体の真理が顕現《けんげん》している。一つひとつの細部に、全体の真理が姿を現している。そういった感覚です。

世界は、ただこのままで完璧だ。なんて、すばらしいんだ！　一瞬、一瞬が最高に幸せだ。最高に幸せだからこそ、もういつ死んでも悔いはない。いつ死んでも構わない。一瞬、一瞬、最高の瞬間を生きている。一瞬、一瞬を本当に味わっている。**私の悲しみも、苦し**

みも、叫びも、喜びも、微笑《ほほえ》みも、笑顔も、涙も、すべてが、この瞬間、瞬間そのものが愛《いと》おしくて大事で、味わい尽くすことができる。

そういう「精神の高み」を目指すのが、人間性心理学です。

「自己成長の抵抗線」——承認欲求と自尊欲求

人間の自己成長を妨げるもの

人間の自己成長、心の成長の壁になるものは何か?

精神の高みに昇っていく、それを妨げるものは何か? もうおわかりですね。「承認」と「自尊」の欲求なのです。

「人から認められたい」「自分のプライドを満たしたい」そういう気持ち**(承認欲求と自尊欲求)が、私たちが精神の高みに昇っていくのを妨げている(最大の妨害物《ぼうがいぶつ》)**なのです。

この2つを振り切っておくことが、精神的な高みに昇っていくための大きな決め手となるのです。

フランクルは「意味への意志」ということを言います。人間の心は、徹頭徹尾《てっとうてつび》、「意味への意志」に貫《つらぬ》かれている。「意味への意志」が満たされない時に、その代替物《だいたいぶつ》として、人間は快楽を求めたり、力を求めたりする。

しかし人間をより深いところで衝《つ》き動かしているのは、自分の人生に与えられた意味や、使命を実現しようとする欲求なのだ。そういう深い動機に、人間は動機付けられている。これが、「意味への意志」であると言うわけです。

人生の意味が、その都度、その都度の人生の状況に潜《ひそ》んでいて、「私を見出《みいだ》して。そして実現して」と求めてきている。私たち人間を絶えず挑発してきていると言います。「意味への意志」と「意味」とは、ちょうど磁石のように引き合う関係にあって、「意味」によって人間の精神は引っ張られている。「プリング・アップ（pulling up）」＝引き上げられている、とフランクルは考えるのです。

人間の精神は意味によって高く、引き上げられている。意味の呼びかけに呼応《こおう》することで、人間の精神は、高く引き上げられていく。「呼応性」です。人生からの呼びかけ、問いかけ。見えないものからの、呼びかけ、問いかけ。それに人が呼応していく。この呼応性に人間の本質がある。

人生からの呼びかけ、問いかけに呼応して意味を見出し実現していく。そのことによって、人間精神は高く引き上げられていくのです。

矛盾で引き裂かれる人間の心の2つの働き

これとほぼ同じことを言っているのが、同時代フランクルの論争相手でもあったマズローです。

マズローは、「存在欲求」に主に動機付けられている人は、人類の約1％だと言いました。1％の人だけが、存在欲求で生きている。自分の可能性を十分に実現したい。あるいは、自らの壁を越えて高みに昇っていきたい。そういう欲求に純粋に動機付けられて日々を生きている。

これはフランクルの「意味」に動機付けられている人とほぼイコールです。

ではなぜ、そういう人は1％しかいないのか。

それは、そうなることへの抵抗、エッジがあるからです。**「心の壁」があるわけです。**

最大の壁は「承認欲求」や「自尊欲求」です。

「いや、そんなことを言ってもさぁ」「こんなの本気で目指したらヤバいよ」「ヘンなふうに思われるんじゃないの？」「変わった人と思われるんじゃないの」「失敗したら、プライド、傷付いちゃうんじゃないの」「失敗しちゃうんじゃないの」「ここにとどまろうよ、無難にいこうよ」という、心の抵抗線です。

「これが私の生きる意味なんだ」「これが私の人生の使命なんだ」「よし、やるぞ」「絶対に成し遂げるんだ」と思って心がメラメラと燃え立つ。

しかし、なかなかうまくいかない。挫折《ざせつ》する。プライドが傷付きます。

「ここまでやってもダメだったか」「やっぱり私ではダメなのか」「限界なのか」。大きな壁に直面するわけです。

一方の「意味」や「使命」に高く精神が引き上げられて「高み」に昇っていく心の働き。もう一方の、「承認欲求」やプライドの傷付きにこだわって、それに抵抗する働き。この2つの心の働きは、ちょうど逆方向のベクトルです。

A「ヘンなふうに思われないようにしようよ」「プライドが傷付かないように無難《ぶなん》にいこうよ」

B「いや、そんなの、関係ねえ。絶対に成し遂げてみせる」「やるんだ、俺は」「絶対に成し遂げてみせる」

このAとBの2つの心の働きが、絶えずせめぎ合っているのです。

人間の精神が高く引き上げられるか。その手前でグルグル回ったままでいるか。大きな分かれ目になるんです。

「自尊心を傷付けられたくない」「バカにされたくない」「無難に生きたい」「ここにとどまりたい」「99％の側にとどまっていたい」

と思う心がある一方で、

「高みに昇りたい」「どこまでも昇っていきたい」

と思う心もある。この矛盾する心の働きで、人間は大きく2つに引き裂《さ》かれている。

心の中で、せめぎ合っているんです。

この2つのせめぎ合う心の働きとどう向き合うか？　これが、人間の精神の成長にとって極めて大きな分岐《ぶんき》点となるのです。

「心理学を生きる」ということ

心理学をたんなる知識や技術としてではなく、人生後半をよりよく生きることに役に立てるような仕方で学ぶうえで、何が大切かお話をしたいと思います。

それは、**「心理学を自分自身が生きる」**こと。「心理学を（特に他者に）どう使うか」「心理学で人をどう動かすか」というスタンスではなく、自分自身が心理学を生きるんだ、そういうスタンスで学ぶことです。

それはたとえば、私が専門にしているカール・ロジャーズのカウンセリングもそうです。「ロジャーズのカウンセリングをどう使うの？」「受容《じゅよう》とか共感とか、どうやるの？」「どうするの？」というよりも、まずは「ロジャーズの理論を自分自身が生きる。自分自身が日々の生活、人生の中で、じゅうぶんに生きる」「自分がロジャーズを生きる」という姿勢で学ぶことが必要です。

たとえばロジャーズは、「受容」「共感」「一致」ということを言います。

そこで大事なことは、自分自身をしっかりと深く「受容」する。そのまま受け止める。そして自分自身の気持ちに共感する。こういうことをやってほしいのです。それが「ロジャーズを生きる」ということです。

たとえば、焦《あせ》る気持ちがある。頑張りたい気持ちもある。醜《みにく》い気持ちもある。人の上に立ちたい気持ちもある。自分なんか、いてもいなくても同じだと思う気持ちもある。

そういう、**さまざまな自分の気持ちのどの部分も、自分の一部としてそのまま受け止め**

る。どの部分も、自分の一部として、愛《いと》おしみ、受け止める。どの部分も自分自身として大事にしていける。これが「受容」ということですね。

「共感」も同様で、日々生きていく中で、いろいろな心の動きがある。その心の動き、心の声に丁寧《ていねい》に耳をすましていく。「私はこういう気持ちでいるのかな？」「それとも、こういう気持ちでいるのかなあ？」「これでいいかなあ？」というふうに、自分自身の心の声に耳をすまして、共感的な理解を示していく。

まずは、自分自身を深く「受容」する。自分自身に深く「共感」する。そういうことをしていくわけです。

そして、**自分自身への深い「受容」と自分自身への深い「共感」ができている状態のことを「一致」と言います。自分自身の内側の深いところと「一致」して生きるのです。**

頭でっかちに生きるのではなくて、自分自身の内側の深いところに下りて、そこを場所として、そこで、ものを考える。内側の深いところを場所として、そこで生きる。こうした姿勢が、本書で紹介したさまざまな心理学を自分自身の人生に活きる仕方で体得するために必要になるのです。

85ページでお話したジェンドリンのフォーカシングを学んだらすぐに「どう使えばいい

んですか？」」と聞く前に、まず自分自身でフォーカシングする。フォーカシングを日々の生活の中で生きる。内側の深いところに下りていって、内側の深いところの声を、日々、確かめ、確かめしながら生きる。内側に響かせ、響かせながら生きる。内側の深いところとつながって生きる。

あるいは、フランクルを学ぶ場合には、「人生からの呼びかけ（コール）」に耳をすます。何か見えないところから、いつも自分に発せられている呼び声に耳をすます。「ああ、私の人生よ。あなたは今、何を私に問うてきている？」「どんなことを求めてきている？」「おお、私の人生よ。私のこの一瞬よ。今のこの瞬間、瞬間は、私に何を問うてきている？」。

こんなふうに、日々「人生の声」を聴いていくのです。

ほかの療法もそうです。たとえば、認知行動療法（「思考」「行動」「注意の向け方」を変化させることで症状の除去を目指す心理療法の学派）を生活に活かすのであれば、これはセルフモニタリングと言いますけれど、自分自身の思考、行動、注意の向け方について、実際に日々観察する。それを記録に取っていく。

ブリーフセラピー（短期での解決を志向する心理療法の学派）であれば、「もしも明日起きて、私に奇跡が起きているとしたら、私はどう行動するだろう」と、そんな発想で生きる。

こんなふうにまずは、心理学の理論を自分自身が日々の人生の中で生きる。日々の仕事の中で実際に生きる。こういうことをじゅうぶんにやっていくことで、本書で紹介したさまざまな心理学は、人生後半を生きていくうえで必須《ひっす》の知恵となるのです。

まず自分自身が心理学を生きる。そんな学び方をしていただきたいと思います。

5章

『チベット死者の書』に学ぶ「死の瞬間」への備え方

「死ぬ」とはどういうことか

「3年後の死」を覚悟すると、死に向かって体が駆け上っていくのを体感する

「たとえ、あと3年で死んだとしても、悔いのないように日々を生きよ」――これが本書の基本的なメッセージです。

「あと3年」というのは、本当に短い時間です。**「3年後の死」をリアルに実感し、覚悟《かくご》しながら日々を送り始めると、身体感覚に変容が生じ始めます。**

自分の体が「死」に向かっていく。「無」に向かっていく。それを日々体感します。「**死」に向かい、「無」に向かって、自分の体が駆《か》け上っていくのが体感されてくるのです。**すると、**生と死の間の「境界《きょうかい》」が溶解《ようかい》**し始めます。「生の向こうに死がある」という感覚はほぼ消えて、「自分はすでに死の中にいる」、そして**「死の中にほんのり、儚《はかな》く生が混じり入っている」**。その儚き生を生きている。人生後半を生きている人の多くが――死をごまかさずに生きているならば――そんな実感を持っているのではないでしょうか。

このように、私自身も年齢を重ねるにしたがって死ぬということについての感じ方は、

変わってきました。ある極限状態に追い込まれて、死ぬ直前までいったこともあります。くわしくは『人生に意味はあるか』（講談社現代新書）という本に書きましたが、ギリギリのところまで追い込まれたのです。

そのギリギリの体験で私が体験したのは、**「立脚点《りっきゃくてん》の変更」の体験**でした。一言で言うならば、**「いのちが、私《わたし》している」**――見えない、いのちの働きが、たまたまこの世では、縁《えん》あって〝私〟という形を取っている――ということをリアルに実感する体験でした。少し説明しましょう。

「私が生きている」と私たちはふだん思っています。「私はいのちを持っている」と。

しかし、私は本当に限界まで追い込まれて、観念してすべてをあきらめて「ああ、もう、死んでしまってもいいな」と思えた瞬間があった。「もう限界、越えた」「ああ、人生、終わったな」「それでいいや」と思った体験があったんです。実際に畳の上にぶっ倒れて、そのあおむけで倒れていたわけですけれど、ちょうどおへそから1mくらい上ですか、そのあたりに、大きないのちの渦《うず》のようなものがありありと実感できたんです。「あっ、これが私の本体か」と思いました。

つまりそれまで自分で「私だと思っていた私」は、むしろ私の「仮の宿」であって、ほんの一瞬、数十年という「ほんの一瞬宿った仮の宿」である。私の本体は、もともと生まれてもいないし、死にもしない。生まれることもなく死ぬこともなく、ただそこにある。

この**「不生不滅《ふしょうふめつ》のいのち」が、たまたまほんの一瞬、数十年というほんの一瞬だけ、私している。私という形を取っている。**この肉体に宿っている。そうありありと実感したのは、21歳の死を覚悟した時です。

その時の実感としては、**「いのちが、私している」**。大いなるいのちの働きそれ自体、これは形なきもの、見えないものです。見えないいのちの働きが、たまたま一瞬、この見える世界、この世で、「この私」という形を取っている。死んだらこの「形」はなくなり、「形なきいのちの働き」だけに戻っていく。

15歳くらいから、「魂の闇夜《やみよ》」とでも言うべき体験をして、ギリギリのところまで追い込まれた。7年間、生きているか死んでいるかわからないような状態で彷徨《さまよ》い続けて、本当に苦しかった。あの苦しみに比べたら、他の苦しみなど、何でもないというくらい苦しかった。出口がない。7年間、出口がないんです。もう永遠にそのままなのかもしれないと思っていました。

7年間苦しんで、ようやく21歳の時に、ポ～ンと抜け出ることができた。その時の実感としては、「見えない世界」の中に「見える世界」が浮かんでいる。「見える世界」の向こうに「見えない世界」が広がっているのではない。こちら側とあちら側という関係ではない。「見えない世界」の中に「見える世界」が浮かんでいる。私の本体は、見えないいのちの働きそのものであって、それが同時に、ほんの一瞬だけ「私」という見える形を取っている。そういう実感です。

すると、生と死の境界がほぼなくなる。今も、これまでも、私は基本的には「死の世界」「見えない世界」にいて、これからもいる。そして、3年か、5年か、10年か、はたまた20年か、30年かわかりませんけれども、「ほんの一瞬」、見える世界にも同時にいる。そういうことなんだろうと思います。

「この世での人生」とは、あっという間に終わる「魂の修学旅行」のようなものだというのが、私の実感です。

そしてその「魂の修学旅行」の間、私たちは常に道に迷っている。日々「いったい、どうしたらいいんだろう？」と迷いながら生きている。「迷い道で彷徨っている状態」が数十年ある。これが、人生なんだろうと思うんです。

「死」ということ、「人生が終わる」ということは、この迷い道から抜け出して、元の世界に戻ること。「人生という迷い道」に、ほんの数十年。それが、人生なんだろうということです。

そしてその「迷い道」から抜け出したら元の「見えない世界」「形なき世界」に戻る。

ただそれだけのお話なんだと思うんです。

人生という「迷い道」の中で「学ぶことの意味」

では人生という「迷い道」を歩く中で、「学ぶことの意味」はどこにあるか。

プラトンという古代ギリシアの哲学者は、哲学をするということは、「死の練習」をすることであると言いました。プロセス指向《しこう》心理学のアーノルド・ミンデルは、多くの人は死の2週間くらい前になると、人生の真実がわかる。心理学を学ぶと、それをほんの数十年早く学ぶことができる。それが心理学を学ぶことの意味だと言っていました。

迷い道から抜け出たらどこに行くのかを、どこかちょっとだけわかりながら、迷い道で迷い続けるというのが、生きるということなんだろうと思います。死ぬということは、「迷い道から抜け出る」ことなんだと少しだけわかりながら、日々を迷いながら生きるのです。

この「少しだけわかりながら」というのが、「学ぶことの意味」です。

人生がいつまでも続くと思うと、ついだらだらと無意味な時間を過ごしてしまいます。

しかし、人生そのものが「ほんの一瞬の魂の修学旅行」だということがわかっていると、そういうことがなくなる。修学旅行が4日間だとするならば、私の年齢の58歳というのは、最終日、4日目の朝方でしょうか。**「ああ、今日が最終日だ。もうすぐ終わりだ」と寂《さび》しい気持ちで終わりを感じつつも、最後まで精いっぱい学び、遊び尽《つ》くす。それが50代、60代、70代という年齢です。**

人生を「とりあえず3年」単位で生ききる、という本書の教えも、人生というのが、修学旅行のような、ほんの一瞬の儚い出来事だということを忘れずにいるための仕掛けなのです。

人間は生まれた時から「死の世界」「見えない世界」の中にいる。形なき「見えない世界」の中で、同時に「見える世界」にも生まれ落ちるわけです。当然のことながら、生まれた瞬間からすでに「あの世」にいる。生まれた瞬間から「あの世」「死の世界」にも同時にいるんです。

私たちは、赤ん坊であろうと中学生であろうと、58歳であろうと90歳のご老人であろうと、同じ。みんなすでに「あの世」「形なき世界」の中にいる。「あの世」にいることを死んでいると言うのであれば、すでに死んでもいるんです。全員死んでいる。死んでいるんだけど、ほんの一瞬、数十年だけ、同時に生きてもいるんです。

幻というならば、生きていること自体が幻です。ほんの数十年だけ、ほんの一瞬だけ、幻の世界を生きている。ほんの一瞬、「魂の修学旅行」をできている。ありがたいことです。ありがたく生きましょう。精いっぱい「魂の修学旅行」を楽しみましょう。

もうすでに死んでいるんですから、わざわざ死ぬ必要はありません。わざわざ自殺なんかする必要はない。

こうしたことを体感的に学ぶことができる心理学がトランスパーソナル心理学です。

不可思議なのは「あの世」ではなく「この世」である

いずれにせよ、不可思議なのは、「この世」です。奇跡は、この「見える世界」です。だから日々を味わいながら生きることが大事なんです。全力で味わいましょう。

それに比べたら「あの世」なんていうのは全然不思議じゃない。超常現象なんて全然不思議じゃない。

日々の人生のほうがずっと不可思議です。奇跡ですよ。死んだらとても当たり前の世界に戻るだけです。つまらない世界です。

不可思議で奇妙なのは、「この世」、この世界。僕たちが日々生きているこの世界です。楽しみましょう。せっかく幻の世界に生きているのだから。せっかくこの「見える世界」「この世」にいるのですから。せいぜい日々を味わいながら生きましょう。最高ですよ！この幻は。酒もうまいし、飯もうまい。キレイな景色もたくさんある。

死んだ後、別の世界への生まれ変わりがあるのかどうかわかりませんけれど、生まれ変わっても、こんなにすばらしい奇跡、味わえるでしょうか？

せっかく最高の世界を見させていただいているわけですから、日々最高に楽しんでいきましょう。

死の瞬間に「光」を見よ

人生の最後の瞬間にできる最大のこと、それは、最後の瞬間に訪れる、まばゆいばかりの光から目をそむけずに、それを見ること。目を見開いて見ること。これです。

これが人生の最後の瞬間に最も大事なことだと『チベット死者の書』は教えているわけ

です。

チベットでは、死ぬ瞬間には、近親者《きんしんしゃ》はそばにおかないんです。この世への執着《しゅうちゃく》を刺激するので、家族、恋人、親、子ども、妻、夫はそばにおかないんです。この世への執着を刺激してしまうので。そばにいることができるのは僧侶のみ。

それで、ただ光を見るという、この体験のために備《そな》えるわけです。それは、よい転生《てんしょう》、生まれ変わりのためであり、さらには解脱《げだつ》のためです。よい転生をするためです。

大きな光がくると、まばゆいので、思わず目をそむけてしまう。そして、小さい光のほうに目を向けてしまう。

すると、あまりよくない生まれ変わりになってしまうということなんですね。ですので、**小さな光に目をやりたくなっても、決して大きな光から目をそらさない**こと。大きな光を見続けること。これが、何よりも重要なことなんだと『チベット死者の書』では言うんです。

ケン・ウィルバーというトランスパーソナル心理学最大の思想家でインテグラル理論の創始者がいます。この方が、がんで亡くなっていく奥さんを看取《みと》る時にも、「その光だよ」

「目をそむけるな」「その光を見るんだ」と、励《はげ》ますわけです。

光を見る。

私も死ぬ時に、しっかりと覚えておきたいことは、目を見開いて光を見る。まばゆいばかりの光から目をそらさない。しっかりと光を見る。これを忘れないようにしたいものだと思っています。

けれども、本当にそういう光がやってくるのかというと、それはわかりません。

知人の方で、昏睡《こんすい》体験をされた方のお話です。

昏睡状態でその方が体験した世界は、本当に真っ暗だった。薄暗い闇ではなくて漆黒《しっこく》の闇。真っ暗な闇の中で、まったく身動きがとれない体験。ただただ真っ暗で、何の光もない。ただただ真っ暗な漆黒の闇の中で、手も足もない。身動きすることもできない。叫んでも、叫んでも、声も出ない。「助けて〜」「助けて〜」と心の中では何度も叫んでいた。けれども、何度叫んでも、声も出ない。手も足もなくて、身動きひとつとれない。

想像してみてください。

手も足もなくて、身動きひとつとれない。叫んでも、叫んでも、声も出ない。ただただ漆黒の闇の中に放り出されている。

この方は、いろいろな信仰のマントラ（人に霊的な変容をもたらすとされる聖なる言葉）を唱《とな》えたそうです。けれどもマントラも通用しない。届かない。

意識も朦朧《もうろう》としてくる。意識もあるか、ないか定かでなくなってくる。

もうダメだ。

もう終わりだ。

結局、昏睡状態からこの方は生還して、今でも元気に活躍しておられるわけですが、真っ暗な闇の中に放り出されて手も足もない。まったく身動きができない。いくら叫んでも声が出ない。届かない。もうダメだ。まったく何もできない。そう思った時に唯一できたことは、「意識で意識を整える」。これだけだったと言います。

ただ意識だけがある。意識で意識を整える。これしかできなかったとおっしゃる。

意識で、意識を、意識する。

意識で、意識を、意識する。

できたのは、ただこれだけだと。

こうおっしゃるわけなんです。

私も、最後の瞬間にしたいのは、まず呼吸に意識を向けて、整えたい。

鼻から入ってくる息、鼻から出ていく息に、まず意識を向けたい。

どんなにまばゆい光が襲《おそ》ってきても、目をそらさずに、目をカッと見開いて、見続けたい。

けれども、この方の体験のように、もし光が来なければどうするか？

あきらめるのではなくて、「**意識で、意識を整える**」「**意識で、意識を、意識する**」。

最後はただ、これしかできないのであれば、これをやっていきたい。

死ぬ時には、これをやる。

これが最後にできることだろうと思って、死ぬ時に向けて、心の準備をしておきたいと思っています。

死の最期の瞬間に私がしたいと思っているのは、次の3つです。

1つ目。まず呼吸を整える。鼻呼吸に意識を向ける。鼻から入ってくる息に。いのちとは息ですから。キリスト教圏でも、こう言います。いのち（スピリット）、スピリット（spirit）というのは、息、息吹《いぶき》。スピリットというのは霊であると同時に、いのちである。それは呼吸、息という意味でもあるのです。

「入ってきているなあ〜」「出ていっているなあ〜」「入ってきているなあ〜」「出ていっ

ているなあ〜」と、呼吸にゆっくり意識を向けたい。

2つ目。『チベット死者の書』が教えてくれるように、本当にまばゆい光が来たならば、目を見開いてそれを見たい。小さな光に意識を奪われることなく、目を見開いて、しっかりと光を見続けたい。

3つ目。光が来ないかもしれない。「えっ、光が来ないよ。どうしよう?」そうなった時には、「意識で、意識を、意識する」。

意識で、意識を、意識する。

ただこれを繰り返す。意識で、意識を、意識する。

意識を整えるということ、ただそれだけをやっていく。

この3つのことを心得て、いずれ訪れるであろう死の瞬間を迎えたいと思います。

6章

「逆算式人生3年計画法」で実現する人生後半、いつ死んでも悔いのない生き方

いよいよ本書の結論部分です。

まず、本書で述べてきた「人生後半を悔いなく生きるための知恵」を「15のライフ・レッスン」としてまとめておきましょう。

人生が⑴0歳から19歳までの20年、⑵20歳から39歳までの20年、⑶40歳から59歳までの20年、⑷60歳から79歳までの20年、に分かれるとしたら、私も58歳、いよいよ、⑷の後半20年に近づいてきました。

次にまとめた「15のライフ・レッスン」は、私自身が、人生後半を悔《く》いなく生きるための覚《おぼ》え書き、戒《いまし》めの言葉でもあります。

人生後半を悔いなく生きるための「15のライフ・レッスン」

ライフ・レッスン❶「いつ死んでも悔いがない」ように日々を生きる

「もし明日死んでしまうとしたら……」と、日々自分に問いかけながら生きる。「今日1日が人生最後の日」と思って日々を生きる。

無力な存在である私たち人間にできる最大のことは、「日々、一瞬一瞬、心を込めて生きる」、ただそれだけなのだから。

1日の最後に、毎日「自分は、今日という時間を大切に生きることができたかどうか」振り返る時間を持ちましょう。

ライフ・レッスン❷「いつかしたい」と思っていたことは、先延ばしにするのはやめて、前倒しして、どんどん行なう

「いつかしたい」とずっと思っていたこと、「ずっとしたかったこと」は、先延《さきの》ばしするのはもうやめて、どんどん行なっていく。

「そのうちやってみたい」と思っていたことがあれば、前倒しして、どんどん行なっていく。

ライフ・レッスン❸余計なものはすべて「捨てる」

「Not To Do リスト」（これはもうしない、と決めたことのリスト）をつくる。本当にしたいかどうかよくわからないことは「しない」習慣をつくる。人間関係のしがらみを、思い切って、バッサリ整理する。

余計なことや人間関係のために使う無駄《むだ》な時間もエネルギーも、もう残されていないのだから。

ライフ・レッスン❹大切な誰かに「いつか伝えたい」と思っていることは「すぐに伝える」

その気持ちをその人に伝える機会は二度と巡って来なくなるのかもしれないのだから。

ライフ・レッスン❺人生で最も大切なものである「時間」、中でも最も大切なものである「大切な人とのふれあいの時間」を大切にする

大切なあの人と、いつ突然、別れが訪れても思い残しがないように、この一瞬一瞬を、心を込めて、大切に過ごす（例：仕事の予定よりも先に、「大切な人と過ごす時間」を手帳に書き込む）。

ライフ・レッスン❻したくもないことのために「大切な時間」を使うのをやめる

「日々を魂が満たされる時間でいっぱいにしていく」ことが「悔いの残らない人生」を生きていくための、最も大切な知恵である。

ライフ・レッスン❼「本当にしたいこと」のためにお金を使っていく

無目的に貯蓄《ちょちく》して、お金を使えない病に陥《おちい》るのをやめる。お金はあの世に持っていけない。相続もさほど喜ばれない。使い切って「ゼロ」で死ぬのが一番。

ライフ・レッスン❽自分の心と向き合う「1人の時間」を1日に5分は持つ

1日に5分でいいので、自分の心の声を聴く静かな時間を持つ。自分の生き方が間違っていないか、点検し、内側の声に従って、微調整する。

ライフ・レッスン❾「自分の人生に与えられた使命・天命（ミッション）は何なのか」自分の心に問いかける

「これが自分の使命・天命だ」「これをするために生まれてきたのだ」そう思えるものを見つけて、日々それに没頭《ぼっとう》できる人生ほど満たされた人生はない。

ライフ・レッスン❿見えない何かからのコール（呼びかけ）に日々レスポンス（応答）して生きる

人生におけるこの「コール＆レスポンス」の核《かく》をなすのが、日々の生活における使命・天命への取り組みである。

ライフ・レッスン⓫体が「死」「無」へと向かい、駆け上っていくのを体感しつつ生きる

自分の体が「死」「無」へと向かっていくのを日々リアルに体感する。すると身体感覚に変容が生じる。生と死の境界《きょうかい》が溶けていく。生きていても死んでいても同じ。変わらない。今も、死んだ後も、私の本体は「形なきいのちの働き」そのものであることがリアルに体感されてくる。

ライフ・レッスン⓬使命・天命への取り組みを通して、共同体の未来、将来世代とのつながりを実感する

自分の存在が「100年、200年と続く大きな時間の流れ」とつながっている――この感覚が、自己を深く肯定《こうてい》しつつ人生後半を生きるために必要である。

ライフ・レッスン⑬学びを深め、精神を高く引き上げる

「最高人格」に自らを高めて（自己を完成させて）死の瞬間を迎える。

ライフ・レッスン⑭死の瞬間には、まばゆい大きな光を見よ！

小さな光に目を向けたくなっても、まばゆい大きな光から目を逸《そ》らさないこと。

ライフ・レッスン⑮小さなことでもいいから、2週間以内に何かを始める

2週間以内に何も始めない人は結局、いつまで経《た》っても何もしない人、人生を変えることのできない人である。

「逆算式人生3年計画法」

「人生後半を悔いなく生きる」ための法則を実現するための具体的ツールが、本書で提案している「逆算式人生3年計画法」です。

「逆算式人生計画法」は、今を起点に未来を展望《てんぼう》するのではなく、未来のある時点を設定し、その時点から今の自分を振り返り見つめ直す、という逆算式の発想です。これを私は、「逆算式人生計画法」と呼んでいます。

その期間は原則3年から5年。

今、55歳だったら、58歳までの自分を思い描き、「この3年間で、これだけはしておきたい」……と構想《こうそう》していくのです。

「もし、自分があと3年しか生きられないとしたら……」と真剣に考えてください。

そして、その3年が終わり、58歳になった頃には、また「これから、あと3年……」と考えて人生計画を練《ね》る。61歳になったらまた、「これから、あと3年……」と考えていく。そうやって3年区切りで、「逆算式」で人生計画を立てていくのです。

3年か4年か5年かは、あまりこだわる必要はありません。自分の職場の都合や健康状態などに応じて、柔軟《じゅうなん》に「ここは3年で」「ここは5年で」と考えていってください。

たとえば私であれば、次のように考えます。

【58歳から61歳までの3年】

・主にこれまでやってきた仕事をまとめ、完成させる時期

この本を含め、著作を8冊ほど書く。自分のカウンセリングの技を伝授《でんじゅ》するトレーニングコースを始め、後継者を育てる。

万が一、早めに死が訪れても、悔いが残らないように生きた痕跡《こんせき》を残す。

【61歳から64歳までの3年】

・新たな方向性に歩み始める時期

トレーニングコースで後継者を育成しながら、研究や執筆では、新たなステージに歩み始める。新たなテーマに取り組み始める。

必要であれば、海外に行くかもしれない。

【65歳から67歳までの3年】

・新たなテーマを展開していく時期

新たな研究テーマ（おそらく「死の体験」「この世を旅立つ体験」の迎え方とその心理学的な援助）を展開し、またそれに直結する活動を全面的に展開していく。

このように、「3年×3セット」を大まかに思い描いておく。

そして、3年単位でそれぞれ完結するように、全力で取り組むのです。

「逆算式人生3年計画法」における「3年後」は、仮想の「死」です。

「たとえ、あと3年で人生が終わるとしても……これだけはしておきたい。逆に、これさえしておけば、とりあえず〝本当にしたいこと〟〝しておくべきこと〟〝しておかないと、死ぬに死ねないこと〟はしたと思える」……それを意識して、常に人生計画を立てる方法です。

これをすることで、「自分が本当にしたいこと」「しておかないと、死ぬに死ねないこと」がわかってきます。またそれと、「してもしなくても構わないこと」とが、明確に区別されていきます。

人生は「3~5年=1ステージ」で切り替わっていく

人生を充実した時間にするためには、具体的な「人生計画」が必要です。

しかし、今から20年先までの人生計画を立てろといわれても、それは少々無理がある話です。

なぜなら、私たち自身も、そして、私たちの生きている世界も絶えず変わり続けているからです。

では、10年先ならば、どうでしょうか。

10年後の自分であれば、なんとか想像くらいはできそうですが、不確定要素が多いのも確かです。

10年経《た》つと、私たち自身も変わっているはずです。第一、10年先まで生きているかどうかも、わかりません。もちろん、私自身も健康で長生きしたいし、平均寿命（あと25年）くらいまでは生きたいと思っています。そのための努力（食事量の削減、キックボクシングのジム通い、1日6~7時間の睡眠時間の確保など）もしていますが、こればかりはわかりません。

私はカウンセリングでいろいろな方の人生の物語を目の当たりにしてきました。そこでわかったことは、**「普通の人生」や「平凡な人生」などというものは、実は1つも存在していない**、ということです。どの人も、みな、それぞれにドラマチックな人生を歩んでおられます。

10年も経てば、病気になったり、離婚したり、再婚したり、宝くじに当たったり……どんな予測不可能なことが待ち受けているかわかりません。

それでは、5年先ならどうでしょうか。

これなら、ある程度、現在の生活の延長線上で考えることができます。「5年後の自分」なら、なんとなくイメージできたり、具体的なプランを立てることができそうです。そのため私は以前（40代の時に）『「とりあえず、5年」の生き方』（実務教育出版）という本を書いたことがあります。

しかし、50代後半になると、時間の流れがかなり速くなってくることに気付きました。「5年単位」では、追いつかないのです。

今、58歳の私から見ると、「今書き始めている本や構想している本を書き上げ、作り始めた後継者養成トレーニングコースで一期生を出すまで3年」（58歳から61歳）、「それを継続しながら新たなテーマ（仮テーマ「死に向かって、人生を完成させる」プログラム）をスタートさせるのに3年」（61歳から64歳）、「新たなテーマを本格展開させるのに3年」（64歳から67歳）と、3年単位で進めないと、とても間に合いません。

神様にお願いして、せめてあと9年、「3年単位」を3回くらいは、健康で頑張らせていただきたい。すると、67歳になります。67歳は、私の父が死んだ年齢です。もし病気か何かで道半ばにして倒れ、64歳までしか頑張れなかったとしても、「3年単位」で2クール。新しいテーマをスタートさせるところまではできる——。

こんなふうに考えていると、「よし、もう無駄にできる時間はまったく残されていない」と気が引き締まる思いがします。「3年単位」3セットからなる合計9年間の「人生プロジェクト・諸富祥彦」を何がなんでもやり遂《と》げなくては、という思いが高まってきます。「死」「無」というゴールに向かって突き進む、自分の体が駆け上っていくのを体感できます。

人生は、おおよそ「3〜5年周期」で切り替わっていきます。

5年前のあなたを思い出してみてください。写真を見ても今の顔とはやっぱり違うし、日々考えていたこと、望んでいたことも5年前と今とでは、ガラッと変わっているはずです。5年前の自分と今の自分は、ある意味、別人です。そして、50代も半ばを過ぎると、時間の流れはさらに加速していく……。

人生は「3〜5年区切り」で考えていくのが、ほどよい。「3〜5年」が、今の自分に見合った骨太のプランを立てられるちょうどいい期間なのです。

手帳こそ、「悔いのない人生実現のツール」である

「逆算式人生3年計画法」を実行するにあたって、心強い味方になるのが〝手帳〟です。手帳は、アポイントが入ったから書き入れるだけのものではありません。「3年後までに、これだけはしておかないと、もしものことがあると、後で悔いが残るかもしれない」。そう思うことをメモしておく。そしてその実現のために、「2週間以内にこれは始めておきたい」と思うことをその日の予定として書き入れていく。こうして「未来の自分」をつくり出すための行動計画を書き込むのです。

手帳は、「悔いのない人生を実現していくためのツール」となるのです。

よく私たちは、お正月に「新年の抱負《ほうふ》」について思いを巡らします。けれど、2月になる頃にはすっかり忘れてしまうことが少なくありません。目の前の雑務《ざつむ》に追われるうちに、私たちは「本当は一番しなくてはならないこと」を忘れてしまいがちなのです。

毎日持ち歩いている手帳をことあるごとに開き、自分が「悔いの残らない生き方」を実

行できているか、絶えずチェックしていくことが必要なのです。

さあ、「逆算式人生3年計画法」をやってみよう

「逆算式人生3年計画法」の「6つのステップ」をお伝えしましょう。

開始する前に準備するものは①ペン、②付箋《ふせん》、③手帳（できれば、3年後までの計画が書き込める「3年連用手帳」）の3つです。

ステップ❶ 付箋に、思いつくままに、とにかく書き出す

「いつかしたいと思っていたこと」

「ずっとしたかったこと」

「これだけはしておかないと後悔すると思うこと」

「これをせずには、死ねないと思うこと」

などをどんどん、書き出していきましょう。あまり考えすぎずに、どんどん、思い付くままに書き出しておきましょう。

途中で、

「これはもうしない、やめる、と決めたこと」

「大切な誰かに『いつか伝えたい』と思っていること」

なども思い浮かんでくると思います。それも同時に付箋に書き出しておきましょう。

ステップ❷ いくつかのランクに分けていく

付箋を眺めながら、「せずにいられない切実さの優先順位」をつけていきましょう。
①どうしてもしておきたいこと。せずには死ねないこと
②できれば、死ぬ前にやっておきたいこと
③欲張れば、死ぬ前にここまでやれればいいかなと思うこと
この3つくらいにランク付けしておきましょう。

「それをせずに死ねないかどうか」

「もしそれをせずに死んだらどれくらい後悔が残るか」

が「切実さの優先順位」の基準です。

この基準で、付箋を「切実さ優先順位1」「切実さ優先順位2」「切実さ優先順位3」の

3つのランクに分けていきましょう。

ステップ❸「これから3年、どうしてもすること」リストをつくる

手帳の見開きページを開いて、「3年後の日付とあなたの年齢」を記します。

そこに、ステップ❷で、「切実さ優先順位1」に振り分けた付箋を貼ってみましょう。

もう一度、自分の内側の実感に響《ひび》かせて、それが、

「これから3年で、どうしてもしておきたいこと」

「せずに死ねないこと」

「もししないまま3年後に死を迎えたら、すごく後悔しそうなこと」

であるかどうかを、自分自身に問うて確かめましょう。

内側から「イエス」と答えが返ってきたら、ペンを取ってリストに書き込んでおきましょう。

あまりに多すぎると、よくありません。

「どうしても3年のうちにしておきたいこと」は、最大10くらいに絞《しぼ》って書いておきましょう。

私であれば「この本とこの本はどうしても書く」「このトレーニングコースだけはどうしてもしておく」「娘とこれだけはどうしてもしておく」といったように、絞っていきます。

ステップ❹「この1年のうちに行なうこと」を書く

先ほど書いた付箋、特に①と②にランク分けされたものを参考にしながら、「この1年のうちに行なうこと」の具体的な計画を立てて手帳に記します。おおまかなもので構いません。

「計画は変更するためにある」くらいの気持ちで、アバウトに計画を立てて書きましょう。

「もしもあと1年で死ぬとしたら、これだけはどうしてもやっておかなくては後悔することは何か」と自問して、そう思ったものを優先して記しておきましょう。

ステップ❺「2週間以内に始める小さいこと」を3つ書く

立てたプランを実行できるかどうかは、スタートが肝心《かんじん》です。

「この先2週間以内に始める小さいこと」を3つ書き出しましょう。

ポイントは「確実にできる小さいこと」を書くことです。決して無理してはいけません。

◉これから3年、「どうしてもしておきたいこと」「せずには死ねないこと」リストをつくってみましょう

3年後の日付　20　　年　　月　　日

3年後のあなたの年齢　＿＿＿＿歳

例）・○○という本だけはどうしても書く
・○○と△△への旅行へはどうしても行く

たとえば私であれば、「○○という本の、最初の3ページだけは書く」「○○さんに、メールを書いて計画を相談する」といったようにします。

決して「30ページを一挙に書く」などと高すぎる目標を設定してはいけません。これでは結局挫折《ざせつ》して、心のエネルギーが奪われていくだけです。

人生を変えていくのが上手な人は、「確実にできる小さな目標設定をすることがうまい人」です。

これを心理学では「スモールステップの原則」と呼びます。最初から高い目標を掲《かか》げてしまう人は挫折続きで、「やっぱりだめだった」と、無力感が強くなり（学習性無力感）、人生を変えるエネルギーを失ってしまいがちです。

「小さな目標設定」のうまい人が、少しずつ少しずつ人生を上手に変えていくことができる人なのです。

ステップ❻ チェック&アクションを重ねる

1週間に1回は、自分の行動とプランをチェックするための時間をつくってください。

たとえば、月曜日に会社に行く前に寄るカフェのお気に入りの席、まだ誰も来ていない会社の自分のデスク、始発駅から乗る通勤電車の中での時間……**できれば「決まった時間に決まった場所」で、自分の気が赴《おもむ》くままに手帳を開いて、**そこに書き込まれている「これから3年、どうしてもやることリスト」をボーッと見るのを習慣にしましょう。

自分を定期的に振り返ることを習慣にするのです。

そうしているうちに、「今、自分が本当になすべきことが何なのか」見えてくることがあるはずです。

自分が立てた「1年のうちにやらずには死ねないことリスト」をチェックしましょう。どれくらい取り組むことができたかどうかを見直しましょう。

さらに、「今月中にすることができること」「この2週間のうちにすべきこと」を具体的なアクションに落として書き出していきます。

具体的なアクションを決めたら、必ずすぐに手帳を開いて、その日やその週のスケジュールページに書き入れていきます。

「逆算式人生3年計画法」は、ただこれだけのシンプルな方法です。

ぜひさっそく始めてください。

計画に囚われるな

「逆算式人生3年計画法」では、「一度立てた目標は捨てずにがんばれ」とは、言いません。むしろ、**「いったん立てた目標が無駄だとか、無理だとかわかった時には、こだわりなく目標を捨て去り、変更することが大切」**です。

人は、1日でも変わるものです。明日、手帳を見ていたら「自分が本当にすべきこと、しておくべきことは、これではない」と気付くこともあるでしょう。

その時はためらいなく、今書いてある項目に線を引き、新しい項目を書き足してください。手帳が汚くなったり、ごちゃごちゃしたりしてきても気にしないことです。

「逆算式人生3年計画法」は、自分を見つめ、自分自身と対話するためのツールです。自分にとって何が本当に大切なのか、何が本当にしておくべきことなのか、何をしておかないと悔いが残るのか、自問自答するためのきっかけを与えてくれる方法です。

大切なのはただ1つ、「心から満足した、悔いのない人生を生きていくこと」、それだけです。いったん立てた計画に振り回されて、かえって自分を見失うことのないようにしましょう。

計画は「できるだけおおまか」にしておくことが大切です。何かの計画を立てるとなると、細かなところまで調べて順序立てて綿密《めんみつ》に決めようとされる人もいます。しかし、いったん計画を細かいところまでガチガチに決めてしまうと、後での変更がなかなか難しくなってしまいます。一番いいのは、「これだけは必ずやっておく」というおおまかなプランだけを決めて、あとはその時の気持ちにしたがって柔軟に変更できるようにしておくことです。

終章

「逆算式人生3年計画法」の2つの原則

「いつかしたい、と思っていること」は先延ばしにせず「すぐ」しなさい

「逆算式人生3年計画法」で、最も重要な原則は、

「いつかしたい、と思っていること」は、先延《さきの》ばしせずに「すぐ」する。

前倒しして「すぐ」する。

この原則です。

「人生前倒しの法則」と私は呼んでいます。

あなたには、「いつかそのうち、やってみたい」と思っていることはありますか？　あるとしたら、これ以上先延ばしにするのはやめて、今すぐ始めましょう。

人生は、いつ、何が起こるかわかりません。下手をすると、3年後、いや、3年以内にだって、あなたがこの世から消えていなくなる可能性もないとはいえないのです。

そんな不確かな、あるかないかもわからない未来の時間に「自分が本当にしたいこと」を先延ばしにするのは、もうやめにしましょう。前倒しして「今すぐ」やってしまいましょう。

人生はいつだって予測不可能です。「定年になったら……」「時間ができたら……」と先延ばしにしても、はたして本当にその時がくるかどうかはわからないのです。

「本当にしたいこと」を「確実に実行できる」のは、確実に生きている「今だけ」なのです。

やろうと思って先延ばしにしたことの大半は実現しないまま、人生は終わってしまいます。

以前、末期がんの全人的な治療に取り組むホリスティック医療の大家である、帯津《おびつ》良一《りょういち》先生とお話ししたとき、多くの人の死を看取《みと》ってきた先生にこうたずねてみたことがあります。

「死ぬときにやすらかに死ねる人と、後悔しながら死んでいく人はどこが違うんでしょうか？」

すると、帯津先生はこうおっしゃいました。

「自分の人生で、し残したことがないかどうかです。やはり、やるべきこと、やりたいと思うことをやりきったと思える人は、とてもいい顔をしてやすらかに死を迎えるように思えます」

人生に悔いを残したまま死んでいく人に共通する特徴は、「いつでもできる」「そのうちできる」と「大切なことを先延ばしにする習慣」がついてしまっていたことです。

さまざまなことを「いつでもできる」「そのうちできる」と先延ばしにする癖がついてしまっていた。そして死ぬ直前になって、「あぁ、もう、あの時には戻れない！」「あの人との、あのときの出会いを、もっと大切にしておけばよかった。そのために、時間とエネルギーを存分に使っておけばよかった！」と後悔し始めます。

しかし、時すでに遅し。私たち人間は、それが本当に大切なものであればあるほど、失ってからでないとその大切さに気付けない、というところがあるようです。

これはもちろん、仕事だけに関わることではありません。「趣味」や「遊び」の中にも、「もし3年後に死ぬとしたら、これだけはしておかないと悔いが残る」と思うような「大切なこと」は、いくらでもあります。昔の仲間と中年バンドを結成して、憧《あこが》れのバンドマンになる、大人のバレエ教室に通い始めてバレリーナとして発表会に参加する、公園でのスケッチを始めて自称・絵描きになる……あなたの心を深いところで満たしてくれる、そんな「大切な何か」……。

あなたがそれを「いつか」「そのうち」と先延ばしにしてしまっているなら、その先延ばし癖は、もう、やめにしましょう。

思い切って大胆に前倒しにして、「今すぐ」それをやってしまいましょう。

かくいう私も、子どもの頃からの格闘技好きを活かして、今年の1月からキックボクシングのジムに通い始めました。やはりサンドバックを蹴るのは、最高です！

明日、死すべき者のように生きよ！

「逆算式人生3年計画法」のもう1つの大原則、それは「明日、死すべき者のように生きよ」というものです。

「私は、し残したことがない。やるべきことは、やり尽くした」と思える人生をどうすれば送ることができるのでしょうか。どうすれば、「死ぬときに後悔しない生き方」「いつ死んでも悔いがない生き方」を身につけることが、できるでしょうか。

その1つの方法は、自分が「明日、死ぬかもしれない」存在だ、ということを常に念頭に置きながら生きていくことです。

アメリカの宗教哲学者ポール・ティリッヒは、こう説いています。

明日、死すべき者のように生きよ
You should live, as if you were dying tomorrow.

インドのガンジス河のほとりでは、衆人《しゅうじん》の前で死体が焼かれ、その灰が川に流されています。そして、生ける人間は何事もなかったかのように、そこで沐浴《もくよく》をし、顔を洗い、口をすすぎ、体を清めます。そうした国では、死は日常的で、身近な存在です。幼い時からこうした風景をながめ、死を人生の一部として受け入れる諦念《ていねん》の姿勢が自然とできあがっています。

メキシコには、人々が死者を象徴する骸骨《がいこつ》の仮面をかぶって踊る「死者の日」という祭りがあります。この祭りには「メメント・モリ（死を忘れるな）」という祈りが込められています。

「メメント・モリ（Memento mori）」というラテン語の格言が持つ真の趣旨《しゅし》は、「カルペ・ディエム（Carpe Diem）」ということにあります。

この言葉は、直訳すると「その日をつかめ」、つまり、「今を楽しめ」という意味です。「死者の日」は、その言葉から私たちがイメージするような、まがまがしい暗い祭りではありません。「今を存分に楽しもう。いつかは死ぬ日がくるのだから」と、死と生をながめる盛大な祭日なのです。

死を身近に感じることは、「今」を充実させ、生を謳歌《おうか》する最大の秘訣《ひけつ》であることをこの祭りは教えてくれています。

「いつ死んでも悔いがないように生きる」という視点は、私たちに次のことを自問するように迫ってきます。

あなたは本気で仕事をしてきましたか？
本気で恋をしてきましたか？
本気で家族と関わってきましたか？
本気で友情を育んできましたか？
本気で趣味に取り組んできましたか？
あなたは日々を本気で生きていますか？

これらの問いに日々向き合っているのです。
あなたは死を迎えたとき、人生への満足と感謝に微笑《ほほえ》むのでしょうか。それとも、いくら後悔してもしたりないほどの悔しさに包まれるのでしょうか。それはこれからの生き方しだいなのです。

人生最大の「保険」は、「し残したことがないように」生きること

いつ、何が起こるかわからないこの人生。最も安全で賢明な生き方は、「やりたいこと

は一通りした」「どうしても、これだけはしておきたいと思っていたことはおおかた、した」と思えるような生き方を日々心がけて生きていくことではないでしょうか。

死ぬ時に後悔したり、慌《あわ》てふためいたりせずにすむためにかけておくのが「保険」だとすると、**人生最大の保険は**、死んだ後で遺族に支払われるお金などではなく、たとえ死が予定外に早く訪れたとしても後悔しないですむように、**「この人生で本当にしたいこと、しておくべきことを前倒しして、確実にやっておくように」日々心がけて生きること**なのではないでしょうか。

実際、10年後となると、自分が生きているかどうかも定かではありません。けれど、3年くらいであれば、私もまだ、ほぼ確実に生きているように思えます。そうだとすれば、あるかないかもわからない10年後をあてにして、長期の人生計画を立てて「したいことは先送り」「今は我慢、我慢」で生きていくのは、やはり「リスクの高すぎる人生計画」と言わざるを得ないでしょう。

私のこれまでのカウンセリングの経験では、**人生に吹く流れのようなものは、おおよそ、3〜5年周期程度で切り替わっていく**ように思われます。5年も経《た》てば、味覚も異性の好みも少しずつ変わっていくように、ものの見方や感じ方、考え方も変わっていき、また同じように付き合う人のタイプや仕事で出会う人もだいぶ変わっていくようです。

そう考えると、**「人生のステージは、3～5年単位で切り替わっていく」**とイメージして生きていくのが理に適《かな》っているように思えます。これから先、3年くらいは、私も「今の私とそれほど変わらない同じ私」として生きているように思えます。けれど、5年を過ぎて6年経ち、7年経ち……していくうちに、私も「今の私とは異なる私」になっていくのです。

「3～5年周期で、人は新たな自分に生まれ変わり、死に変わっていく」――だとすれば、「今の自分」のしたいこと、どうしてもやっておきたいことは、やはりこの3年のうちにやっておいたほうがいい、ということになります。

こうした考えから、本書では「逆算式人生3年計画法」を提案したのです。

それは、①おそらくはまだ生きており、それほど自分に大きな変化も生じていないと思われる「3年後」に視点を置いて、そこから現在へと逆算式に、「仮に3年後に死んでも悔いが残らないように、いつ何をしていくか」計画を立てて、②2週間以内に具体的なアクションを起こして、実行していく。この二段構えの方法です。

「この人生でどうしてもしたいこと、やっておきたい」と思うことは、たとえ3年後に死んでもいいようにやっておくことが、「悔いのない人生」をつくっていくうえでの最大のポイントだと私は思っているのです。

「とりあえず、3年」で執着せず、さわやかに生きる！

もちろん存外《ぞんがい》に長生きすることもあるかもしれません。「想定外の長生きリスク」に備えて、健康に留意して運動したり、ある程度の貯蓄《ちょちく》をしておくことも必要でしょう。私もそうしています。

しかしこれから何年も生きなくてはならないと考えて、先々のことまであれこれと気を揉《も》んで生きるより、**「とりあえず、これからあと、3年」**と考えて、そこに全力投球して生きるほうが、ずっとさわやかで、囚われなく、身軽な気持ちでいられるのではないでしょうか。

「とりあえず、あと3年」と考えて生きることで、先々のことへの余計な心配や、この世を生きていくうえでどうしても生まれてくるさまざまなことへの執着《しゅうちゃく》、囚われから解放されていくかもしれません。

そんなわけで、私は、「とりあえず、あと3年は生きる」（逆にいえば「もしかすると、3年くらい先には死んでいるかもしれない」）と考えて、その3年にすべてを注《そそ》ぎ込んで生き、また3年後になってその時点で生きていたならば、その時は、「余生」があと3年与えられたと考えて、「これからまた、もう3年、どう生きるか」と考える**「人生3年単位で、残り余さず、生ききる生き方」**を「いつ死んでも、悔いの残らない人生のつくり方」として提唱《ていしょう》しているのです。

この本を読まれた1人でも多くの方に、「あのとき、この本と出合えたおかげで、人生の軌道《きどう》修正を図ることができた。いつ死んでも悔いが残らない、そんな充実した人生を生ききることができた」

そう思ってもらえたならば幸せです。

せっかくこの本を手に取ってくださった皆さんには、自分の人生を実際に変える「具体的なきっかけ」を手にしていただきたいと思っています。

そのためには、**今すぐ手帳を開いて、「逆算式人生3年計画法」**を始めてください。

①「もし自分が3年後に死ぬとしたら」と想像して、「これだけはどうしても、しておきたいこと。しておかないと、死ぬに死ねないこと。逆に、これさえしておけば、本当にしたいこと・しておくべきことは、一応はし終えたと思えること」を思い浮かべて書き込んでください。

そして、②どんな小さなことでもいいので、「2週間以内にできる小さなこと」をし始めてください。

あなたなら、きっと、できる!

※本書で紹介したさまざまな心理学の方法は、次の研究会で学ぶことができます。
どなたでも参加可能です。私のホームページ(https://morotomi.net/)で内容を御確認のうえ、お申し込みください。

気づきと学びの心理学研究会〈アウエアネス〉事務局
〒101-8301
東京都千代田区神田駿河台1-1　明治大学14号館6階B611
「気づきと学びの心理学研究会　アウエアネス事務局」
問い合わせ申し込み先　E-mail：awareness@morotomi.net

50代からは3年単位で生きなさい

2021年11月20日　初版印刷
2021年11月30日　初版発行

著者◉諸富祥彦

企画・編集◉株式会社夢の設計社
東京都新宿区山吹町261　〒162-0801
電話 (03)3267-7851(編集)

発行者◉小野寺優

発行所◉株式会社河出書房新社
東京都渋谷区千駄ヶ谷2-32-2　〒151-0051
電話 (03)3404-1201(営業)
https://www.kawade.co.jp/

DTP◉株式会社翔美アート

印刷・製本◉中央精版印刷株式会社

Printed in Japan　ISBN978-4-309-50430-8

河出書房新社

心は病気

悩みを突き抜けて幸福を育てる法

アルボムッレ・スマナサーラ

スリランカ初期仏教長老が説く

自粛・我慢の世の中で
怒り、怯え、とまどう心
を強くする
ブッダの知恵！